Général NIOX

NAPOLÉON
ET
LES INVALIDES

PARIS
LIBRAIRIE CH. DELAGRAVE
15, RUE SOUFFLOT, 15

NAPOLÉON
et
Les Invalides

Il a été tiré de cet ouvrage :

*5 exemplaires sur papier des manufactures impériales du Japon
numérotés de 1 à 5
et une édition numérotée sur vélin à la forme des Papeteries d'Arches
réservée aux membres de la « Sabretache »
et de la « Société des amis du Musée de l'Armée ».*

Achevé d'imprimer, le 15 novembre 1911, par FIRMIN-DIDOT.

Héliotypies en deux tons par le procédé Léon Marotte.

Au Général

BARON de VERDIÈRE,

LE MEILLEUR DE MES ANCIENS CHEFS RESTÉ LE MEILLEUR DE MES AMIS,

Respectueuse affection.

Général NIOX.

Novembre 1911.

Portrait de Napoléon.

Portrait de Napoléon.
Peint par Ingres en 1806. — Musée de l'Armée.

Général NIOX

NAPOLÉON

et

Les Invalides

PARIS
LIBRAIRIE CH. DELAGRAVE
15, RUE SOUFFLOT, 15

Tous droits de reproduction, de traduction et d'adaptation
réservés pour tous pays.

***

Copyright by Ch. Delagrave, 1911.

PLANCHE I

*Statue qui surmonta la Colonne de la Grande-Armée
de 1833 à 1863.*

Transportée aux Invalides en 1911.

Par Seurre ; fondue par Crozatier.
Hauteur 4 mètres ; poids 4.500 kil.

NAPOLÉON

Son nom a rempli le monde. Avec le recul du temps, il semble grandir encore. Aux réalités de l'histoire se superpose le merveilleux de la légende.

Après Alexandre, César et Charlemagne, aucun homme de guerre n'a laissé de son passage une trace plus profonde.

Lui-même s'était appelé « l'homme du Destin ». Le Destin avait limité à vingt années le temps qui lui était départi pour l'accomplissement de son œuvre — 1795 à 1815.

A trente-cinq ans, il est empereur, maître absolu ; il disparaît de la scène du monde à quarante-six ans et meurt à cinquante-deux ans. Une agonie de six années sur un rocher perdu dans l'océan prépare l'apothéose que la postérité devait lui réserver.

Dans le rayonnement de sa gloire, les fautes, les faiblesses, les violences disparaissent. Les grandes actions seules demeurent dans le souvenir des hommes.

Bonaparte paraît au moment où les excès sanguinaires de la Terreur, l'anarchie intérieure, les ruines accumulées avaient épuisé la France et menaçaient de compromettre l'affermissement d'un nouvel ordre social basé sur les principes de la Révolution française.

Il est, à vingt-sept ans, en 1796, général en chef de l'armée d'Italie. Une campagne inimitable par la hardiesse de ses conceptions stratégiques, une suite d'éclatantes victoires lui acquièrent le prestige dont le peuple aime à entourer les chefs appelés à le conduire.

Général en chef de l'Armée d'Égypte en 1799, il porte les armes de la France et son propre renom, jusqu'aux confins de l'Asie et se révèle homme d'État, organisateur, homme de science.

En France, le désordre gouvernemental était à son comble. Il revient, en échappant aux croisières anglaises.

Il se saisit du pouvoir par un coup d'audace (18 brumaire — 9 novembre 1799); il est nommé Premier Consul.

Par la Constitution de l'an VIII (24 décembre 1799), il prend le pouvoir exécutif, ne laissant aux Assemblées élues que l'ombre d'une autorité législative.

La puissance du Premier Consul est, dès lors, aussi absolue que celle de Louis XIV.

En peu de temps, la France est transformée :

Les finances sont restaurées.

La Banque de France est fondée. L'organisation administrative est régularisée avec une nouvelle hiérarchie de fonctionnaires (mai 1800).

Les tribunaux sont reconstitués (mars 1800).

Le Conseil d'État est créé.

La rédaction du Code civil, commencée en 1800, est achevée en 1804.

La paix religieuse est rétablie par le Concordat (1801).

L'enseignement public est réorganisé et mis dans la main de l'État par la création des lycées (1802).

De grands travaux publics, routes, ports, canaux sont partout entrepris; les sciences et les lettres sont encouragées et protégées.

La Légion d'honneur est instituée (mai 1802).

La plupart des institutions du Consulat subsistent encore aujourd'hui, à peine modifiées. Le Code civil, appelé le Code Napoléon, a été adopté dans tous les pays où s'est étendue l'influence française.

Et cependant la guerre continuait en Allemagne et en Italie ; mais le passage des Alpes, au Grand-Saint-Bernard, et le coup de tonnerre de Marengo (14 juin 1800) imposaient la paix à l'Autriche (traité de Lunéville, 9 février 1801) et même à l'Angleterre (traité d'Amiens, 25 mars 1802).

La sanction de cette œuvre considérable, accomplie en quelques mois, due au génie d'un homme et telle que l'histoire d'aucun temps n'en fournit d'exemple, fut la proclamation du Consulat à vie (2 août 1802) et, ensuite, la proclamation de l'Empire par le Sénat (18 mai 1804), ratifiée par un plébiscite unanime.

Napoléon appelle le Pape à Paris pour se faire sacrer à Notre-Dame (2 décembre 1804). Puis, il ceint, à Milan, la couronne de fer des rois lombards, en restaurant le royaume d'Italie.

Porté à l'Empire par l'enthousiasme des uns et par la servilité des autres, il disposait d'une armée incomparable, commandée par des généraux de trente ans et des maréchaux de trente-cinq ans, dont le nom était déjà illustre.

La réserve de cette armée était formée par la garde impériale, élite de vétérans des guerres d'Italie et d'Égypte, soldats éprouvés ayant pour lui un dévouement sans réserve et un culte qui devait résister à toutes les épreuves et à toutes les infortunes.

Les victoires d'Austerlitz (1805), d'Iéna (1806), entourèrent son nom d'une auréole de gloire qui éclipsa celle de tous les hommes de guerre du passé. Il était maître de la Germanie jusqu'à ses limites orientales, maître de l'Italie. Rien ne résistait à sa volonté ; les peuples se pliaient sous sa puissance. Il démembrait les anciens royaumes et créait de nouveaux rois.

Ces nouveaux rois étaient ses frères. Ils devaient avoir un palais à Paris et y résider un certain temps pour marquer leur vassalité. Il donnait aussi des couronnes à l'Électeur de Bavière et à l'Électeur de Saxe (1806).

Arrivés à cette hauteur, les hommes ne peuvent s'y maintenir. Le vertige les saisit. Leur tempérament même s'oppose à ce qu'ils consolident leur œuvre par l'action lente du temps. Ce n'est pas une ambition vulgaire qui les entraîne, mais la force du destin, et la fortune, à la fin, se lasse.

Pour ruiner l'Angleterre, Napoléon veut, par le blocus continental, imposer à tous les États leur propre ruine.

La tyrannie de ses exigences révolte les peuples soumis, mais non domptés. L'Espagne tout entière est en armes. L'Autriche qui s'est redressée, est de nouveau écrasée à Wagram (1809) et si humiliée qu'elle ne peut se refuser à donner à l'Empereur une archiduchesse (1811) qu'il fait asseoir à côté de lui sur le trône, dans l'espoir de fonder une dynastie qui sera l'égale des plus vieilles dynasties de l'Europe.

Enfin, l'heure a sonné, les temps sont accomplis. La désastreuse guerre de Russie anéantit la Grande Armée. Les événements se précipitent. Deux ans suffisent pour renverser le formidable colosse. Toutes ses armées sont ramenées sur les frontières.

La France est, à son tour, foulée par l'invasion.

Une courte campagne, où se retrouve tout l'éclat de son génie militaire, ne peut arrêter l'effondrement de sa puissance. Napoléon est contraint d'accepter l'exil de l'Ile d'Elbe.

Mais le géant frémit; il prétend reconquérir le monde.

Dans un dernier effort, la France, exaltée par un enthousiasme éphémère, se remet entre ses mains. La dernière armée est écrasée à Waterloo.

Alors tout est fini. L'Empereur vaincu demande asile à l'Angleterre; il en reçoit la plus dure des captivités dont il n'échappe que par la mort après une agonie de six années. Mais, en quelque sorte épuré de la gangue terrestre, il renaît plus grand encore qu'aux jours de sa puissance et ayant conquis l'immortalité.

Le Titan ne pouvait être renversé que par la foudre. — Ce fut Waterloo!

Pour que son souvenir fût transmis avec respect et admiration à la postérité la plus éloignée, il lui fallait l'auréole du martyr. — Ce fut Sainte-Hélène!

Vingt années ne sont pas écoulées, l'Angleterre rend à la France qui les réclame les restes mortels de l'Empereur. Le roi Louis-Philippe confie à un de ses fils la mission d'aller les chercher à Sainte-Hélène.

Le Retour des Cendres eut lieu à Paris, le 15 décembre 1840, avec une pompe qui n'accompagna jamais aucune funéraille royale, au milieu de l'émotion de tout un peuple.

Sous le dôme des Invalides, on creusa pour les recevoir la plus magnifique des sépultures.

L'Histoire enregistre les faits de cette prodigieuse épopée. Elle s'étonne, admire. Elle est impuissante à juger.

La vie de Napoléon a été maintes fois écrite. Lui-même, en dictant ses mémoires à Sainte-Hélène, en a fourni aux auteurs les éléments principaux; mais elle est trop vaste, trop complexe, trop formée de contrastes pour tenir dans le cadre ordinaire qu'un seul écrivain pourrait lui donner.

L'homme l'État, le jurisconsulte, le philosophe viennent, tour à tour, rechercher et assembler les matériaux de cette œuvre qui ne sera jamais terminée.

Les hommes de guerre ne se lasseront pas d'étudier ses campagnes, s'efforçant d'y trouver des leçons et d'en extraire des principes qu'ils essaieront en vain de s'assimiler, car on ne peut dogmatiser les conceptions du génie.

Napoléon restera inaccessible. Quels généraux seraient capables de se hausser à sa stature ?

Les poètes ont chanté sa gloire comme les bardes de l'antiquité ont chanté les fastes héroïques des peuples. Ce sont eux qui, sans doute, l'ont approché de plus près.

De notre temps, et, suivant le goût du moment pour les menus faits, une curiosité, parfois irrespectueuse, s'est évertuée à pénétrer dans l'intimité de son foyer, de ses mœurs, révélant les passions, les faiblesses humaines par lesquelles il restait plus voisin du reste des hommes.

Le livre que nous présentons, n'a pas les prétentions de l'histoire, moins encore l'indiscrétion de la chronique, ni l'allure d'un panégyrique.

Il a été inspiré de cette page de Montaigne :

« La vue des objets que nous savons avoir été maniés et possédés par les personnes desquelles la mémoire est en recommandation, nous émeut particulièrement plus que d'entendre le récit de leurs faits ou de lire leurs écrits... Il me plaît de considérer leur visage, leur port et leurs vêtements ; je remâche ces grands noms entre les dents et les fais retentir à mes oreilles... Ce serait ingratitude de mépriser les reliques et images d'hommes si valeureux, qui nous donnent tant de bonnes instructions par leur exemple, si nous savons les suivre. »

(Montaigne, *Essais*, livre II, ch. ix.)

Napoléon aimait à venir aux Invalides. La trace de son passage s'y retrouve partout. C'est aux Invalides qu'il s'est essayé pour la première fois à son rôle d'Empereur, en distribuant les décorations de l'Ordre de la Légion d'honneur qu'il venait de fonder ; c'est aux Invalides qu'il repose.

C'est dans les galeries de l'édifice que se recueillent pieusement et se conservent une grande partie des reliques glorieuses ou intimes de sa vie militaire et privée.

Montrer ces reliques, les commenter, faire revivre, par les pensées qu'elles suggèrent, le grand homme qu'elles rappellent. — Tel est le but de ce livre.

Il est divisé en deux parties :

L'HÔTEL DES INVALIDES

NAPOLÉON

La première partie est consacrée au majestueux monument devenu la sépulture de Napoléon et dans les pierres duquel sont venus successivement s'enchâsser les souvenirs du législateur et de l'homme de guerre.

Son histoire y est écrite en style lapidaire comme celle des Pharaons sur les anciens monuments de l'Égypte; elle sera ainsi transmise aux siècles les plus reculés, sans avoir subi les déformations du temps.

La deuxième partie est consacrée à l'Empereur.

Il est montré législateur, chef d'État, chef de guerre. On suit les manifestations de son puissant esprit dans ses actes publics, militaires et politiques; on pénètre quelquefois dans l'intimité de sa vie. Pour que le portrait restât sincère, si incomplet qu'il fût, on a conservé les ombres qui en rendent plus lumineuses les parties éclairées.

PLANCHE II

L'Hôtel des Invalides.
Façade nord.

L'Éloge des magistrats
Éloge non imprimé

L'HÔTEL DES INVALIDES

Dominant la ville de Paris de la majesté de son Dôme, l'Hôtel des Invalides est le plus grandiose souvenir du grand siècle.

Offrir un abri pour leur vieillesse aux officiers pauvres, aux soldats mutilés, était une pensée de justice et de devoir royal; Louis XIV la réalisa avec une magnificence sans doute disproportionnée avec le but charitable qui l'avait inspirée, mais cette fondation, beaucoup plus certainement qu'aucune autre de son règne, devait porter sa mémoire à la postérité.

Le Roi appela à lui les artistes les plus renommés, architectes, peintres, sculpteurs, maîtres décorateurs. Il fit dessiner les plans dans des proportions superbes, au milieu de la vaste plaine de Grenelle, à proximité de son palais, au centre même de sa capitale.

Par la richesse et la splendeur des constructions, l'Hôtel des Invalides dépassa toutes les demeures royales.

La première pierre de cet édifice, dont Montesquieu a dit... « J'aimerais autant avoir fait cet établissement si j'étais prince que d'avoir gagné trois batailles[1] »... et qu'il appela « le lieu le plus respectable de la terre », fut posée le 30 novembre 1671. L'inauguration en eut lieu, moins de trois ans après, au mois d'octobre 1674.

Plusieurs milliers de vétérans y reçurent asile; des édits royaux en assuraient les privilèges et devaient le doter largement des ressources nécessaires à leur entretien.

[1]. Montesquieu, XXIVe lettre persane.

L'inscription, placée à l'entrée de la porte monumentale, indique que l'édifice, construit par munificence royale, est, à perpétuité, destiné aux soldats.

LUDOVICUS MAGNUS[1]
Militibus regali munificentia
in perpetuum providens
Has aedes posuit An. M.D.C.LXXV.

C'est, en effet, un superbe monument élevé aux gloires militaires de la France.

De même que sur le fronton du Panthéon on a écrit :

AUX GRANDS HOMMES LA PATRIE RECONNAISSANTE

ne devrait-on pas lire sur le fronton des Invalides :

A SES SOLDATS, LA FRANCE RECONNAISSANTE.

Napoléon entoura de sa sollicitude l'institution des Invalides, qui répondait si bien à ses propres sentiments. Les soldats qui l'avaient suivi dans son épopée, des sables du Nil aux neiges de Moscou, y trouvaient un asile et un repos, tout en ayant la fierté de conserver jusqu'à la tombe l'uniforme et les armes qui avaient été le culte de leur vie.

Napoléon mourant avait exprimé le vœu que ses cendres reposassent « sur les bords de la Seine ». En dépit des passions contraires, dont les esprits étaient agités après la grande tourmente qui avait secoué la France, le roi Louis-Philippe répondait au vœu populaire en obtenant du gouvernement anglais de rendre aux Français la dépouille mortelle de l'Empereur.

Ce n'est pas pour le Tombeau que le Dôme fut construit, mais il semble qu'il ne pouvait avoir une plus grandiose destination.

Que serait le Dôme s'il ne recouvrait la sépulture de l'Empereur?

---

1. Louis le Grand, dans sa munificence royale pour les soldats, prévoyant à perpétuité, fonda cet édifice l'an 1675.

Où pourrait être la sépulture de Napoléon, s'il ne reposait sous le Dôme?

Louis XIV — Napoléon ; — ces deux noms synthétisent, en quelque sorte, l'histoire moderne de la France, c'est pourquoi l'Hôtel des Invalides est et restera le véritable monument militaire national.

L'Hôtel des Invalides a été construit sur les plans de Libéral Bruant et continué par Jules Hardouin-Mansart qui éleva le Dôme.

La façade principale, orientée vers le nord, est longue de deux cents mètres. Une large esplanade qui se prolonge jusqu'à la Seine permet d'en admirer tout le développement.

La façade du midi forme un magnifique soubassement du Dôme ; de larges avenues y conduisent.

La Cour d'Honneur, entourée de deux galeries superposées que surmonte un feston de lucarnes somptueusement sculptées, est d'une architecture des plus imposantes par la simplicité et par la beauté de ses proportions.

La statue équestre de Louis XIV en triomphateur romain [1] décore l'entrée de la porte monumentale.

Formant un rectangle deux fois plus long que large, 130 mètres sur 65 mètres, elle est dominée par une statue de Napoléon. Telle est l'harmonie de cet ensemble qu'il semblerait, là encore, que les dispositions aient été prévues par les premiers architectes dans le but de recevoir cette statue.

La statue de Napoléon le représente dans une attitude pensive et dans son costume militaire traditionnel. Elle est placée dans l'arcade supérieure de l'entrée de l'église [2].

Cette colossale figure de bronze est particulièrement impressionnante.

Si, par une nuit claire, on passe dans la galerie, derrière la statue, elle se projette, grande et majestueuse, sur la demi-lumière de la cour. Il semble que

---

1. Bas-relief conçu par le sculpteur Coustou jeune ; détruit pendant la Révolution, il a été rétabli en 1816, par Cartellier. Les piliers qui supportent le cintre de la voûte sont ornés des statues de Mars ou de Minerve, par Coustou.

2. Voir plus loin l'historique de cette statue.

l'on voit soudain l'Empereur se lever silencieux de son tombeau pour assister à la *Revue nocturne,* au muet défilé de ses soldats :

> *C'est la grande revue*
> *Qu'aux Champs-Élysées,*
> *A l'heure de minuit,*
> *Tient César décédé* [1].

In perpetuum providens, dit l'inscription lapidaire de Louis XIV. De nombreux siècles passeront sans que les pierres du monument soient ébranlées. L'institution pourra subir les modifications du temps, mais le temps respectera la maison de Louis XIV et le tombeau de Napoléon.

LE DÔME DES INVALIDES

La construction du Dôme et de la chapelle royale, fut commencée en 1706 par Jules Hardouin-Mansart; il mourut en 1708; son œuvre ne fut achevée qu'en 1735.

Par l'élégance de sa forme, le Dôme des Invalides ne le cède, a-t-on dit, qu'au Dôme de Saint-Pierre de Rome, dont les proportions sont d'ailleurs tout autres.

C'est le Dôme qui donne à l'Hôtel des Invalides sa véritable grandeur et qui le protège contre les profanations d'affectation dont il a été parfois menacé. Sans le Dôme, l'Hôtel ne serait sans doute aujourd'hui qu'une vaste caserne ou un grand magasin de matériel.

Il domine Paris et signale à la vénération de la postérité la sépulture de Napoléon. Il rappelle la majesté de Louis-le-Grand.

Aujourd'hui, sous sa protection, ont été réunies et sont pieusement conservées les reliques militaires de la France.

---

1. Vers de Sedlitz formant la légende du dessin : *La Revue nocturne* de Raffet, 1836.

Le Dôme des Invalides.
   Façade sud.

Le Dôme, le plus beau de ce modèle d'architecture, est formé par une charpente d'un remarquable travail que recouvre une chape de plomb.

L'ornementation extérieure de la coupole est d'une richesse incomparable; elle se compose de douze larges côtes dans l'intervalle desquelles sont plaqués de grands trophées d'armes, en plomb doré, masquant l'ouverture des lucarnes d'éclairage.

Un grand nombre de statues ornaient le Dôme. Elles furent descendues pendant la Révolution et la plupart furent détruites; quatre statues en plomb doré, représentant quatre Vertus, entouraient l'obélisque du sommet; elles furent fondues en 1793 pour faire des balles.

La lanterne à jour, sur une plate-forme circulaire d'où s'élèvent quatre arcades qui supportent une sorte d'obélisque cannelé et ciselé, est surmontée d'une croix de fer doré (107 mètres au-dessus du sol).

La façade du Dôme (60 mètres de large) est orientée vers le sud.

On y accède par un large perron de 15 marches.

Dans le projet primitif, ce perron devait être précédé d'une colonnade dans le genre de celle de Saint-Pierre de Rome. Une pelouse, limitée par une grille, sépare l'église du Dôme des larges avenues dessinées postérieurement et qui lui forment autant de voies triomphales.

L'intérieur de la chapelle du Dôme a la forme d'une croix grecque, entre les branches de laquelle quatre chapelles rondes étaient dédiées aux quatre Pères de l'Église :

Saint Jérôme et saint Grégoire, à l'occident.

Saint Augustin et saint Ambroise, à l'orient.

Deux chapelles latérales étaient consacrées l'une à la sainte Vierge, l'autre à sainte Thérèse, patronne de la Reine.

On appelait l'église du Dôme, la Chapelle royale, parce que les cérémonies du culte ne devaient y être célébrées qu'en présence du roi. Elle était ornée d'une profusion de statues, de peintures, de sculptures, dues aux plus grands artistes.

Girardon, Coustou, Adam, Coysevox exécutèrent les sculptures. Michel Corneille, Bon Boullogne et son frère décorèrent les coupoles de peintures. Jouvenet a figuré les douze apôtres.

Charles Delafosse a peint, sur les pendentifs, les tableaux des quatre évangélistes : saint Mathieu, saint Marc, saint Luc, saint Jean. Il a orné la voûte de la coupole d'une grande composition, en cinq groupes, ayant pour sujet « saint Louis reçu dans le ciel et présentant à Jésus-Christ l'épée avec laquelle il a triomphé des ennemis du nom chrétien ».

Noël Coypel a peint au-dessus du chœur les tableaux de la *Sainte Trinité* et de l'*Assomption*.

La plupart des statues ont disparu pendant la période révolutionnaire. Quelques-unes ont été remplacées; mais les peintures et les sculptures subsistent et suffisent à donner une idée de la magnificence de l'édifice.

Un riche pavé en marbre de plusieurs nuances avec des médaillons au chiffre de Louis XIV, forme le sol de l'église et des chapelles latérales.

L'autel est de construction moderne. Il a remplacé celui qui servait autrefois aux deux églises. Déplacé en 1840, lors du Retour des Cendres pour permettre le passage du cercueil, il a été réédifié quelques années après par Visconti.

Il est en marbre noir élevé sur dix marches de marbre blanc des carrières de l'Isère et porté par un soubassement en marbre vert des Vosges.

Le tabernacle est surmonté d'un christ monumental en bronze[1]. Le baldaquin en bois doré[2] est soutenu par quatre colonnes torses, monolithes de sept mètres de haut en marbre noir, veiné de blanc, connu sous le nom de grand antique, avec base et chapiteaux d'ordre corinthien en bronze doré. La balustrade de l'autel s'appuie sur deux torchères soutenues par des anges en bronze doré.

Les vitraux de couleur d'or qui éclairent l'autel, tamisent une lumière qui produit un effet d'une rare magnificence, tandis que le reste de l'église est éclairé par des vitraux de couleur bleuâtre qui atténuent la clarté. Ce contraste augmente l'impression de grandiose beauté du monument.

Pendant la Révolution, lorsque les églises furent désaffectées, la chapelle royale devint le Temple de Mars. Le Directoire ordonna que les noms des guerriers morts pour la Patrie y seraient inscrits sur des tables de marbre; cet ordre n'eut d'ailleurs pas de suite.

On y célébrait les grandes fêtes patriotiques militaires.

Le 1er **vendémiaire an VII (22 septembre 1798)**, on y commémora l'anniversaire de la fondation de la République; les trophées conquis par les armées victorieuses y furent transportés. Les Directeurs s'y rendirent solennellement, entourés des Invalides et des militaires blessés habitant Paris; le Président, La Réveillière-Lepeaux, dans une enthousiaste harangue, s'écria que rien n'était plus propre à entretenir le feu sacré du patriotisme que de rappeler les victoires qui avaient assuré l'indépendance nationale et qui avaient été achetées par les

---

1. De Triquety.
2. Œuvre de Marneuf.

PLANCHE IV

La Chapelle du Dôme des Invalides.

L'autel.

Vue d'ensemble.

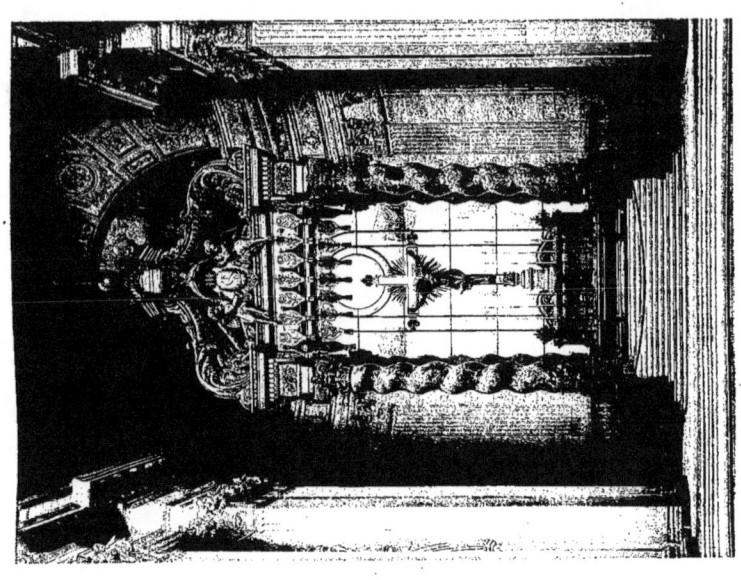

Invalides au prix de leur sang. « Le meilleur moyen de remporter encore de pareilles victoires est d'attirer la vénération publique sur les infirmités et les blessures dues au plus généreux dévouement. » Trois invalides, élus par leurs camarades, furent présentés au Directoire. Le président leur donna l'accolade, leur offrit une couronne de lauriers et leur remit une médaille d'argent portant cette inscription : *La République française à ses défenseurs.*

La journée du 18 brumaire, qui renversa le Directoire, et qui remit le pouvoir aux mains de Bonaparte, fut acclamée aux Invalides.

Cérémonie du 21 pluviôse an VIII (9 février 1800). — Une cérémonie fut célébrée aux Invalides en l'honneur de Washington. Le général Lannes présenta au ministre de la guerre, Berthier, 96 drapeaux provenant de la campagne d'Égypte et prononça une courte harangue. Le ministre, qui était assis entre deux invalides centenaires, lui répondit. Il avait, en face de lui, le buste de Washington, dont M. de Fontanes prononça l'éloge funèbre.

Fête du 25 messidor an VIII (14 juillet 1800). — **Anniversaire de la prise de la Bastille en 1789.** — Aussi ce fut aux Invalides, dans le Temple de Mars, au milieu des soldats sur le dévouement desquels il était sûr de compter, que le Premier Consul voulut asseoir son prestige et se montrer comme le premier personnage de la République, en célébrant la fête du 25 messidor.

Après un discours de Lucien Bonaparte, un orchestre entonna un chant de triomphe composé par Mehul sur des strophes de Fontanes :

> *Les fils sont plus grands que les pères,*
> *Un grand siècle finit, un grand siècle commence.*
> . . . .

Après cette cérémonie, le Premier Consul se rendit au Champ de Mars, où il reçut les drapeaux conquis par l'armée d'Italie.

Fête du 1ᵉʳ vendémiaire an IX (22 septembre 1800). — **Transfert des restes mortels de Turenne.** — Une nouvelle fête eut lieu aux Invalides, le 1ᵉʳ vendémiaire an IX, anniversaire de la fondation de la République.

Le cinquième jour complémentaire, an VIII (21 septembre 1800), le corps du maréchal de Turenne[1], qui était déposé au Musée des monuments français (couvent des Petits-Augustins), fut solennellement transféré aux Invalides ; le cortège traversa Paris aux acclamations de la foule.

Le Premier Consul l'attendait aux Invalides.

Le ministre de la guerre, Carnot, prononça un discours :

« ... Voilà le corps de ce guerrier si cher à tous les Français, à tous les amis de la gloire et de l'humanité... Demain, nous célébrons la fondation de la République.

« Préparons cette fête par l'apothéose de ce que laissèrent de louable et de justement illustre les siècles antérieurs. Ce Temple n'est pas réservé à ceux que le hasard fit ou doit faire exister sous l'ère républicaine, mais à ceux qui, dans tous les temps, montrèrent des vertus dignes d'elle. Désormais, ô Turenne ! tes mânes habiteront cette enceinte ; ils demeureront neutralisés parmi les fondateurs de la République, ils embelliront leurs triomphes et participeront à leurs fêtes nationales.

« Elle est sublime l'idée de placer les dépouilles mortelles d'un héros qui n'est plus,

---

[1]. Le corps de Turenne, né à Sedan, 16 septembre 1611, tué à Sassbach, 27 juillet 1675, avait été inhumé dans la basilique de Saint-Denis, réservée aux sépultures royales.

Un décret de la Convention du 31 juillet 1793, ordonna que les tombeaux et mausolées des ci-devant rois, élevés dans l'église de Saint-Denis, dans les temples et autres lieux, dans toute l'étendue de la République, seraient détruits le 10 août, pour célébrer l'anniversaire de la journée du 10 août 1792, où le trône du roi Louis XVI avait été renversé par le peuple insurgé, envahissant les Tuileries.

L'exécution de ce décret, qui allait profaner les restes de la longue série des rois, commença le 6 août 1793 par la destruction des monuments des rois mérovingiens et carlovingiens dans les chapelles hautes ; le premier mausolée brisé fut celui du roi Dagobert, inhumé en 638. La démolition suivit son cours du 6 au 8 août.

L'œuvre de dévastation fut reprise au mois d'octobre. Alexandre Lenoir, qui était conservateur du Musée des monuments français créé par l'Assemblée nationale dans l'ancien couvent des Petits-Augustins, réussit à sauver quelques-uns des monuments ou de leurs débris, parmi lesquels le monument de Turenne, qu'il fit transporter à ce musée.

« Le 11 octobre 1793, un seul monument restait debout dans la Basilique : celui de Turenne, et, avant de pénétrer dans le caveau des Bourbons, les ouvriers voulurent ouvrir le cercueil. « Le corps était dans un parfait état de conservation, à l'état de momie sèche ». Au lieu de le jeter dans la fosse et « sur les observations de plusieurs personnes de marque », il fut remis à un gardien qui le déposa dans la sacristie, où il resta pendant plus de huit mois exposé aux regards des curieux, « moyennant une petite rétribution ».

(Les détails circonstanciés de la violation des sépultures de Saint-Denis sont donnés dans un livre très documenté du Dr Max Billard, *Les Tombeaux des Rois sous la Terreur*, Paris, Perrin, 1907.)

Au mois de juin 1794, M. Desfontaines, professeur au Jardin des Plantes, réclama, comme pièce curieuse, le corps du grand capitaine et obtint qu'il fût transporté au Muséum où il demeura exposé à la curiosité publique avec les bêtes empaillées et les animaux rares. Ce scandale dura quatre ans, jusqu'à ce qu'il fût dénoncé à la tribune du Conseil des Cinq-Cents. Enfin, le corps fut transféré, le 24 prairial an VII, au Musée des monuments français où il resta dans des conditions plus décentes sinon encore fort convenables

Enfin, le 22 septembre 1800, le Premier Consul en ordonna la translation sous le Dôme des Invalides, dans le Temple de Mars. La cérémonie se fit avec une pompe solennelle.

au milieu des guerriers qui le suivirent dans la carrière et que forma son exemple... Aux braves appartiennent la cendre du brave ; ils en sont les gardiens naturels; ils doivent en être les dépositaires jaloux. Un droit reste après la mort au guerrier qui fut moissonné sur le champ des combats : celui de demeurer sous la sauvegarde des guerriers qui lui survivent et de partager avec eux l'asile consacré à la gloire; car la gloire est une propriété que la mort n'enlève pas...

« C'est au nom de la République que ma main doit déposer ces lauriers sur sa tombe. Puisse l'ombre du grand Turenne être sensible à cet acte de reconnaissance nationale, commandé par un gouvernement qui sait apprécier les vertus ! » (*Moniteur universel*, 1er et 2 vendémiaire an IX.)

Le tombeau de Turenne, placé dans l'ancienne chapelle de Sainte-Thérèse, est celui qui avait été sauvé de la dévastation de la basilique de Saint-Denis[1].

Le jour suivant, 1er vendémiaire, le Premier Consul présida la fête commémorative de la fondation de la République, qui fut célébrée avec les discours et les chants patriotiques usuels dans ces cérémonies.

Fête du 25 messidor an XII (14 juillet 1804). — Distribution des insignes de la Légion d'honneur. — Ce fut encore aux Invalides que Napoléon, proclamé Empereur le 18 mai 1804, voulut célébrer l'anniversaire du 14 juillet par la distribution des décorations de l'ordre de la Légion d'honneur qu'il venait de fonder et recevoir le serment des légionnaires.

Les temps étaient bien changés.

Le Temple de Mars était redevenu l'Église chrétienne. Le cardinal-archevêque de Paris, entouré de son clergé, reçut l'Empereur à la porte du Dôme, lui offrit l'eau bénite et le conduisit processionnellement au trône qui lui était préparé.

Le faste de cette cérémonie impériale rappela les usages des grandes cérémonies royales. Le service divin, qui donnait à cette cérémonie un caractère si nouveau après les troubles des dix dernières années révolutionnaires, s'acheva.

L'Empereur reçut d'abord les insignes de l'ordre, des mains de son frère

---

[1]. Le monument de la plus belle ordonnance a été composé par Lebrun (1619-1690) et exécuté par Tuby le Romain, mort en 1700.
Turenne est représenté expirant entre les bras de l'Immortalité. A ses pieds, un aigle effrayé symbolise l'Empire sur lequel le héros avait remporté tant de victoires. Deux figures de femmes représentent la Sagesse et la Valeur. Le monument de Turenne à Sassbach existe toujours, sur un terrain acquis par la France. Le gardien en est un vieux soldat français.

Lucien, président du Sénat; puis, il distribua lui-même les décorations aux nouveaux légionnaires, qui les reçurent aux cris de Vive l'Empereur.

Cette fête fut la plus grandiose qu'on eût jamais vue aux Invalides. L'église du Dôme lui formait un cadre d'une majesté incomparable[1].

Transfert des trophées de la campagne de 1806 et de l'épée du Grand Frédéric (17 mai 1807). — Une partie des trophées conquis dans la campagne de 1805 avait été déposée aux Invalides, tandis que d'autres avaient été envoyés au Sénat, à l'Hôtel de Ville, à Notre-Dame. Ceux de la campagne de 1806 furent destinés aux Invalides.

La remise de 280 trophées rapportés de cette campagne, ainsi que celle de l'épée et des décorations de Frédéric-le-Grand que Napoléon avait prises à Potsdam, fut l'occasion d'une cérémonie militaire célébrée avec la plus grande pompe, sous la présidence de l'archi-chancelier Cambacérès, entouré des princes impériaux, des ministres et des grands officiers de la Légion d'honneur.

Le cortège partit des Tuileries au bruit des salves d'artillerie; derrière le char contenant les drapeaux, le maréchal Moncey, à cheval, portait l'épée de Frédéric.

Le maréchal Sérurier, gouverneur des Invalides, reçut ces reliques qui furent transportées sous le Dôme. M. de Fontanes, président du Corps législatif, dans un discours dont l'emphase s'accordait avec les habitudes de l'époque, célébra la mémoire du Grand Frédéric; l'hommage qu'il rendit aux princes et aux soldats aujourd'hui vaincus exaltait la valeur de leurs vainqueurs.

Ainsi grandissait, de jour en jour, la renommée de l'Hôtel des Invalides. Il recevait les visites de tous les hôtes princiers qui passaient à Paris.

Transfert du cœur de Vauban (26 mai 1808). — En 1808, un décret impérial ordonna le transfert aux Invalides du cœur de Vauban, qui fut placé dans un mausolée de même architecture que celui de Turenne et lui faisant face. La cérémonie eut le même caractère que les précédentes.

Napoléon avait ordonné le transfert dans la chapelle du Dôme du corps

---

1. Voir plus loin.

de Turenne et du cœur de Vauban. Les monuments funéraires qui leur furent élevés devaient plus tard accompagner sa propre sépulture. Il repose entre les deux plus grands hommes de guerre du siècle précédent, dont il avait tant admiré l'œuvre militaire[1].

Obsèques du maréchal Lannes, duc de Montebello. — Le 2 juillet 1810, le corps du maréchal Lannes, tué à Essling, fut déposé provisoirement aux Invalides. Des obsèques solennelles furent célébrées, plus tard, au moment du transfert définitif au Panthéon.

La coutume s'établit dès lors de célébrer aux Invalides les funérailles des généraux illustres et d'y déposer leurs corps.

En 1813 y furent déposés : le cœur du général **Baraguey d'Hilliers**, mort à Berlin, 1812.
Le cœur du général **Éblé**, atteint d'une maladie mortelle au passage de la Bérézina, mort à Kœnigsberg, en 1812.
Le cœur du général **de Lariboisière**, commandant en chef d'artillerie de la Garde impériale, mort à Kœnigsberg, en 1812.
Dans la suite, les Gouverneurs de l'Hôtel et les Généraux qui, par leurs services, méritèrent ce suprême hommage, furent inhumés aux Invalides.

Transfert du cœur de la Tour d'Auvergne. — Le 30 mars 1904 fut transféré aux Invalides le cœur de La Tour d'Auvergne, remis à l'État par ses arrière-petits-neveux, MM. de Pontavice de Heussey. Cette relique du héros des guerres de la Révolution, qui avait mérité par sa bravoure le nom de *Premier Grenadier de la République,* fut transférée solennellement depuis la gare de Lyon jusqu'aux Invalides, sous l'escorte du 46e régiment d'infanterie, régiment dans lequel il servait lorsqu'il fut tué à Oberhausen (23 juin 1800) et reçue par M. le Président de la République Loubet, assisté des membres du gouvernement. Après un discours du général André, ministre de la Guerre, l'urne fut déposée dans

---

1. Conçu dans le même style que celui de Turenne, le monument de Vauban a été exécuté par Etex, après 1840, pour remplacer le monument provisoire de 1808. Vauban est représenté à demi couché en costume de guerre, entouré de drapeaux et d'instruments du génie militaire. De chaque côté deux figures de femmes symbolisent la Science et la Guerre. — Vauban était né près de Saulieu (Côte-d'Or), en 1633, il mourut le 13 mars 1807. C'était une des plus nobles et des plus généreuses figures militaires du xviie siècle. Ses travaux de construction d'attaque et de défense des places lui ont acquis une réputation universelle.

le caveau des gouverneurs en attendant son placement définitif dans une des chapelles du Dôme.

> *Ceux qui pieusement sont morts pour la Patrie*
> *Ont droit qu'à leur cercueil la foule vienne et prie ;*
> *Entre les plus beaux noms leur nom est le plus beau ;*
> *Toute gloire près d'eux passe et tombe éphémère ;*
> *Et, comme ferait une mère,*
> *La voix d'un peuple entier les berce en leur tombeau !*

(Victor Hugo, *Chants du crépuscule*, hymne III.)

Ces souvenirs devaient être rappelés, parce qu'ils consacrent le véritable caractère du monument si majestueusement conçu par Louis XIV.

Par haine pour les traditions empreintes de royalisme, il s'était trouvé, en 1791, à l'époque du renversement du trône, des hommes qui proposèrent de transformer l'Hôtel en une vaste prison ; d'autres voulaient qu'il ne fût qu'un grand hospice militaire ou en faire une grande caserne ; mais l'éloquence de l'abbé Maury, député à l'Assemblée nationale, sauva, à cette époque, l'Hôtel des Invalides de la profanation dont il était menacé. La loi de 1792, ratifiée par le sentiment unanime d'un peuple imbu, plus que tout autre, du prestige guerrier maintînt l'Institution des Invalides. Son église devint *Le Temple de Mars* consacré à la gloire militaire.

Dans l'avenir, il restera le Panthéon des Armées de la France.

PLANCHE V

Ensemble de la Crypte
Le Sarcophage.

Lorsque, gravissant les marches du perron, on entre dans la chapelle du Dôme par la porte monumentale faisant face à la place Vauban et orientée vers le midi, la beauté et les proportions grandioses de l'édifice produisent une profonde impression qui va grandissant à mesure que, du seuil en pleine lumière, on s'avance sous la grande voûte dont la clarté discrète est harmonieusement tamisée.

On se hâte vers la balustrade de marbre qui couronne la crypte.

Alors, d'un mouvement instinctif, les fronts s'inclinent pour contempler le sarcophage en porphyre de couleur rouge sombre dont aucune sculpture inutile ne dépare la sévère et majestueuse simplicité et qui renferme les restes d'un des génies les plus puissants qui ait dominé le monde.

La foule, souvent compacte, d'origines et de conditions les plus diverses, qu'une force mystérieuse a attirée et retient près du tombeau, reste silencieuse, comme saisie d'un respect sacré en présence de la majesté du lieu et des souvenirs qu'il évoque.

Une émotion mystique étreint les cœurs tandis que l'esprit s'efforce de comprendre l'énigme de cette prodigieuse carrière. Après avoir porté Napoléon au faîte de la puissance et de la gloire, le Destin a voulu qu'ayant accompli une courte et brillante épopée, il s'effondrât dans le malheur, la ruine et la souffrance, mais que son nom restât l'objet de l'admiration et de la vénération des hommes et que son souvenir devint impérissable dans la mémoire de toutes les nations de la terre.

Quelle que soit la culture de chacun : artisan, soldat, homme d'étude, tous ressentent la même émotion devant l'insondable problème des destinées humaines.

La méditation se prolonge imprécise et non satisfaite, et, lorsque enfin les fronts se relèvent, l'œil reste fasciné par le flamboiement magnifique des ors de l'autel et le prodigieux effet de lumière de l'immense verrière, qui donnent l'impression d'une splendide apothéose.

TOMBEAU DE L'EMPEREUR. — LE RETOUR DES CENDRES

En 1840, le Gouvernement du roi Louis-Philippe négocia avec le Gouvernement anglais la restitution à la France des restes de l'Empereur. A la séance du 12 octobre 1840, M. de Rémusat, ministre de l'Intérieur, l'annonça à la tribune de la Chambre des députés dans les termes suivants :

« Le roi a ordonné à S. A. R. Monseigneur le prince de Joinville de se rendre, avec sa frégate, à l'île de Sainte-Hélène pour y recueillir les restes mortels de l'Empereur Napoléon.

« Nous venons vous demander les moyens de les faire recevoir dignement sur la terre de France et d'élever à Napoléon son dernier tombeau.

« Le Gouvernement, jaloux d'accomplir un grand devoir national, s'est adressé à l'Angleterre. Il lui a redemandé le précieux dépôt que la fortune avait mis dans ses mains.

« A peine exprimée, la pensée de la France a été accueillie.

« Voici les paroles de notre magnanime alliée :

« Le Gouvernement de S. M. B. espère que la promptitude de sa réponse sera
« considérée en France comme une preuve de son désir d'effacer jusqu'à la dernière trace
« de ces animosités nationales qui, pendant la vie de l'Empereur, armèrent l'une contre
« l'autre la France et l'Angleterre. Le Gouvernement de S. M. B. aime à croire que si de
« pareils sentiments existent encore quelque part, ils seront ensevelis dans la tombe où
« les restes de Napoléon vont être déposés. » (*Bravo*), etc.....

« L'Angleterre a raison, Messieurs ! cette noble restitution resserre encore les liens qui nous unissent : elle achève de faire disparaître les traces douloureuses du passé. Le temps est venu où les deux nations ne doivent plus se souvenir que de leur gloire.

« La frégate chargée des restes mortels de Napoléon se présentera au retour, à l'embouchure de la Seine. Un bâtiment les rapportera jusqu'à Paris. Ils seront déposés aux Invalides. Une cérémonie religieuse et militaire inaugurera le Tombeau qui doit les garder à jamais.

« Il importe, en effet, à la majesté d'un tel souvenir, que cette sépulture auguste ne demeure pas exposée sur une place publique, au milieu d'une foule bruyante et distraite. Il convient qu'elle soit placée dans un lieu silencieux et sacré où puissent la visiter avec

Le tombeau de Napoléon à Sainte-Hélène au moment de l'exhumation.

Bas relief marbre par Dumont. 3m20 sur 2m30.
Comte de Las-Cases; Général Gourgaud; Prince
de Joinville; Abbé Coquereau; Général Bertrand;
Gouverneur anglais Alexander.

Arrivée du corps de Napoléon aux Invalides.

Bas-relief marbre par Jouffroy. 3m20 sur 2m30.
Prince de Joinville; Comte de Rémuzat; Guizot;
Duc d'Orléans; Duc d'Aumale; Duc de Nemours.

Le tombeau de Napoléon à Sainte-Hélène au moment de l'exhumation.
Bas-relief marbre par Dumont, 3m20 sur 2m30.
Comte de Las-Cases; Général Gourgaud; Prince
de Joinville; Abbé Coquereau; Général Bertrand;
Gouverneur anglais Alexander.

Arrivée du corps de Napoléon aux Invalides.
Bas-relief marbre par Jouffroy, 3m20 sur 2m30.
Prince de Joinville; Comte de Rémusat; Guizot;
Duc d'Orléans; Duc d'Aumale; Duc de Nemours.

Les bas-reliefs exécutés en 1853 ne furent mis définitivement en place qu'en 1910.

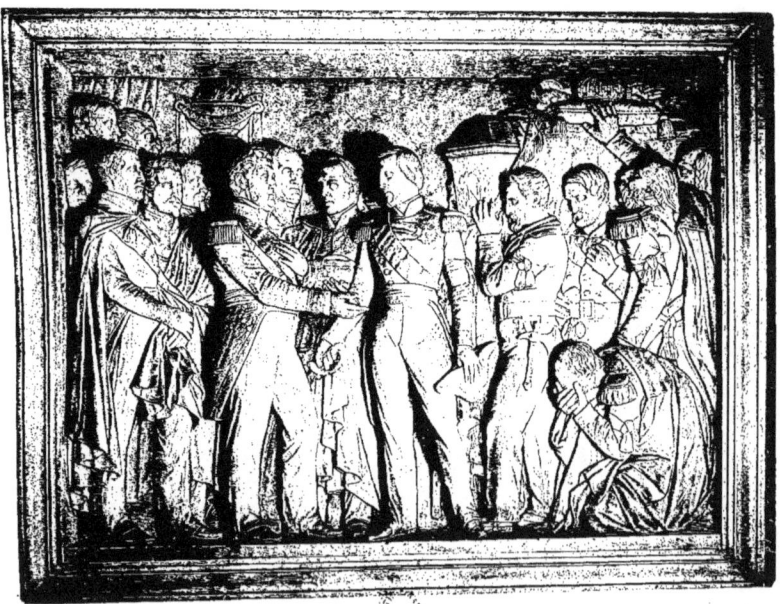

recueillement tous ceux qui respectent la gloire et le génie, la grandeur et l'infortune.

« Il fut Empereur et Roi; il fut souverain légitime de notre pays. A ce titre, il pourrait être inhumé à Saint-Denis; mais il ne faut pas à Napoléon la sépulture ordinaire des rois. Il faut qu'il règne et commande encore dans l'enceinte où vont se reposer les soldats de la Patrie et où iront toujours s'inspirer ceux qui seront appelés à la défendre.

« Son épée sera déposée sur sa tombe.

« L'art élèvera sous le Dôme, au milieu du temple consacré par la religion au Dieu des armées, un tombeau digne, s'il se peut, du nom qui doit y être gravé. Ce monument doit avoir une beauté simple, des formes grandes et cet aspect de solidité inébranlable qui semble braver l'action du temps. Il faut à Napoléon un monument durable comme sa mémoire... »

L'Empereur était mort à Sainte-Hélène, le 5 mai 1821, à cinq heures et demie du soir; ses obsèques avaient été célébrées le 9 mai[1].

Le gouverneur Hudson Lowe ne lui fit pas rendre les honneurs souverains, mais seulement ceux dus à un commandant en chef.

Le 15 octobre 1840, l'exhumation du cercueil fut faite sous la direction de M. Auguste de Rohan-Chabot, secrétaire d'ambassade, commissaire de S. M. le roi des Français, et Charles Corsan Alexander, capitaine, commandant le corps du génie à Sainte-Hélène, délégué par S. E. le major général Middlemore, gouverneur, commandant en chef les forces de S. M. britannique à Sainte-Hélène[2].

---

1. Le tombeau de Napoléon à Sainte-Hélène était entouré d'une grille en fer. — La tombe, recouverte de trois dalles d'environ $0^m,15$ d'épaisseur, occupant une surface de $3^m,40 \times 2^m,46$. — Le caveau était formé par un mur encadrant une fosse de $3^m,30$ de profondeur, 1 mètre de largeur, $2^m,40$ de longueur; à une profondeur de $2^m,50$ deux couches superposées de ciment, au-dessous desquelles une forte dalle de $1^m,98 \times 0^m,90$ et $0^m,12$ d'épaisseur recouvrant le cercueil.

2. En présence :
du baron de Las Cases, député;
du baron de Gourgaud, lieutenant général, aide de camp du roi;
de M. Marchand, un des exécuteurs testamentaires;
du comte Bertrand, lieutenant général, accompagné de son fils Arthur Bertrand;
de l'abbé Coquereau, aumônier de la *Belle-Poule;*
de MM. Saint-Denis, Noverraz, Archambauld, Pierron, anciens serviteurs de l'Empereur;
du capitaine de corvette Guyen, commandant la corvette la *Favorite;*
du capitaine de corvette Charner, commandant en second la *Belle-Poule;*
du capitaine de corvette Doret, commandant le brick l'*Oreste;*
du Dr Guillard, chirurgien major de la frégate la *Belle-Poule;*
et de six autres personnes officiers et fonctionnaires anglais.
Les travaux, commencés vers minuit, furent terminés vers huit heures du matin. Le cercueil retiré de la fosse, les enveloppes en furent ouvertes. — Le corps fut trouvé dans un parfait état de conservation. — Le cercueil ne resta ouvert que deux minutes.

Le cortège, escorté des troupes de la milice et de la garnison, accompagné des généraux Bertrand et de Gourgaud, de MM. de Las Cases et Marchand, celui-ci un des anciens serviteurs et exécuteurs testamentaires de Napoléon, dont il a dit : *Les services qu'il m'a rendus sont ceux d'un ami,* se dirigea vers la mer. Les honneurs souverains, qui avaient été refusés au moment de la mort, furent alors rendus par la garnison anglaise, puis par la division navale française. Le cercueil alors fut transporté à bord de la frégate.

Le 18 octobre, la *Belle-Poule* quitta Sainte-Hélène ; elle arriva le 30 novembre à Cherbourg.

Le 8 décembre, le cercueil fut transbordé sur la *Normandie* ; le 9, il arrivait en rade du Havre ; il fut alors porté à bord du bateau à vapeur la *Dorade*, qui arriva le 14 au soir à Courbevoie.

Le 15 décembre, eut lieu l'entrée à Paris avec une pompe splendide.

Le roi Louis-Philippe, accompagné de la reine et entouré des princes et des princesses de la famille royale, attendait le corps dans l'église à l'entrée de la chapelle du Dôme.

Le prince de Joinville dit :

Sire, je vous présente le corps de l'Empereur Napoléon.

Le roi répondit en élevant la voix :

Je le reçois au nom de la France.

Puis, prenant l'épée de l'Empereur que portait son aide de camp, le général Atthalin et que lui présenta le maréchal Soult, duc de Dalmatie, ministre de la Guerre, il la remit au général Bertrand :

Général, voici l'épée de la journée d'Austerlitz ; déposez-la sur le cercueil de l'Empereur Napoléon.

Le cercueil fut alors placé sous un superbe catafalque et la cérémonie religieuse fut célébrée par l'archevêque de Paris.

Le 6 février 1841, le corps fut transféré dans la chapelle Saint-Jérôme ; il fut placé dans le monument définitif le 2 avril 1861.

PLANCHE VI

La Porte de Bronze.
Entrée de la Crypte.

Planche VII

La Porte de Bronze.
  Entrée de la Crypte.

Le Reliquaire.

    Placé dans la Cella, contenant :
      l'Épée d'Austerlitz,
      le Chapeau d'Eylau,
      le Grand Collier de la Légion d'Honneur.
      le Grand Cordon de la Légion d'Honneur.
      une boîte renfermant les clefs du cercueil.

Le Reliquaire.

Placé dans la Cella, contenant :
l'Épée d'Austerlitz,
le Chapeau d'Eylau,
le Grand Collier de la Légion d'Honneur,
le Grand Cordon de la Légion d'Honneur,
une boîte renfermant les clefs du cercueil.

LA CRYPTE

Le Dôme des Invalides paraissait avoir été prédestiné à recouvrir la sépulture de l'homme de génie dont tous les peuples entourent la mémoire d'admiration. Il convenait, cependant, en y plaçant le sarcophage monumental qui devait recevoir les restes de Napoléon, de ne pas porter préjudice à la noblesse et à la beauté architecturale de l'église du Dôme. Il fut décidé, d'après les plans présentés par l'architecte Visconti, qu'une crypte circulaire serait creusée, dont le centre serait perpendiculairement sous le Dôme. Pour la construction et la décoration de cette crypte, on adopta le style de l'art grec qui avait eu comme une renaissance sous l'Empire, et qui, par la sobriété des lignes, sa simplicité grandiose, sa richesse sévère et son haut style statuaire, convenait le mieux pour associer, tout en le différenciant, ce monument impérial au style de l'édifice.

Commencée en 1843, interrompue en 1848, la construction n'en fut terminée qu'en 1861[1]. Les restes de Napoléon y furent descendus le 2 avril 1861.

La crypte circulaire a 23 mètres de diamètre, dont 15 à ciel ouvert; 6 mètres de profondeur. Elle est séparée de l'église par une balustrade en marbre blanc.

Un double escalier semi-circulaire, de marbre blanc, conduit du pied du maître-autel, en le contournant, devant la Porte de bronze de la crypte, au niveau de l'église dont elle est séparée par une grande verrière.

Deux gigantesques statues[2] en bronze florentin gardent l'entrée du sépulcre. Elles représentent des hommes vêtus de manteaux funèbres, couronnés de lauriers, et portant sur des coussins : l'un le globe et l'épée; l'autre le sceptre et la couronne. Ils symbolisent la puissance militaire et la puissance civile.

1. La dépense totale dépassa 4 millions et demi.
2. Œuvre de Duret; l'architecture de la porte de bronze a été conçue par Marneuf.

Au-dessus de la porte est inscrite en lettres dorées cette phrase du testament de l'Empereur :

**JE DÉSIRE QUE MES CENDRES REPOSENT
SUR LES BORDS DE LA SEINE
AU MILIEU DE CE PEUPLE FRANÇAIS
QUE J'AI TANT AIMÉ**

Sur le palier, à droite et à gauche de la porte, sont les cénotaphes des grands maréchaux du palais : Duroc et Bertrand, les amis de Napoléon [1]. On descend dans la crypte par un grand escalier obscur de vingt-six marches de marbre blanc, d'un seul bloc de 8 mètres de long; la voûte est formée par les marches de l'autel.

De chaque côté, au pied de l'escalier, sont placés en revêtement du mur, deux grands bas-reliefs de marbre de $3^m,20$ sur $2^m,30$ rappelant :

**La tombe de Napoléon à Sainte-Hélène,
L'arrivée du cercueil aux Invalides.**

Sur le bas-relief de droite : *L'arrivée du Cercueil aux Invalides*,

Le roi Louis-Philippe a derrière lui ses fils : le duc d'Orléans, le duc d'Aumale, le duc de Nemours et près de lui ses ministres.

Le prince de Joinville salue de l'épée en présentant au roi le cercueil qui est porté par des marins de la *Belle-Poule;* un groupe de vieux soldats de l'Empire, dans des attitudes de douleur [2].

1. Le général Duroc, duc de Frioul, grand maréchal du Palais, né à Pont-à-Mousson en 1772, aide de camp de Bonaparte en 1796, mort des suites d'une blessure reçue à Reichenbach, 22 mai 1813. Napoléon a dit de lui à Sainte-Hélène : *Duroc, seul, a eu mon intimité et possédé mon entière confiance.*
Le général Bertrand, né à Châteauroux, prit part à toutes les campagnes de l'Empire, devint grand maréchal du Palais après la mort de Duroc; il suivit l'Empereur à l'Ile d'Elbe et à Sainte-Hélène. Napoléon a dit de lui : *Bertrand est désormais identifié avec mon sort.* Il accompagna l'expédition chargée de ramener ses restes mortels, mourut en 1844.
Les corps de Duroc et de Bertrand ont été déposés dans ces monuments, le 5 mai 1847.
2. Au moment de l'achèvement de la crypte et du transfert du cercueil en 1861, sous le règne de Napoléon III, on ne crut pas opportun d'utiliser ces bas-reliefs, qui rappelaient des souvenirs de la famille royale déchue. Ils ne furent mis à la place qui leur était destinée qu'en 1910, M. Dujardin-Beaumetz étant sous-secrétaire d'État aux Beaux-Arts.

Bas-reliefs de la Crypte. — Marbres par Simart. PLANCHE IX

La Légion d'Honneur.

L'Administration française.

PLANCHE IX.   Bas-reliefs de la Crypte. — Marbres par Simart.

La Légion d'Honneur.

L'Administration française.

ŒUVRE CIVILE DE NAPOLÉON

Une galerie couverte entoure le patium circulaire au centre duquel se dresse la masse imposante du sarcophage impérial.

Les murs de la galerie sont décorés de dix bas-reliefs de marbre blanc composés par Simart, rappelant les grands actes législatifs et administratifs du règne de l'Empereur.

Ils ont été placés dans l'ordre suivant, en entrant dans la galerie par la droite :
La Légion d'honneur; — Les Grands travaux publics; — Le Commerce et l'industrie; — La Cour des Comptes; — L'Université; — Le Concordat; — Le Code; — Le Conseil d'État; — L'Administration; — La Pacification des troubles.

Chaque bas-relief mesure $4^m,30$ sur $2^m,60$.

Leur composition est de style uniforme : au centre, Napoléon est assis ou debout, en costume antique; autour de lui se groupent les personnages symbolisant les arts, les sciences, la religion, la justice, etc..., sur lesquels il a étendu sa protection.

Des citations, extraites, pour la plupart, du *Mémorial de Sainte-Hélène,* caractérisent chaque composition dont l'ensemble présenterait, sans cela, une certaine monotonie. Toute l'œuvre civile et organisatrice de l'Empereur est ainsi retracée en style lapidaire très sobre et conservée à la mémoire des hommes comme sa gloire militaire est rappelée par les monuments.

Énumérant à Sainte-Hélène les grands travaux exécutés : les ouvrages hydrauliques des ports de France et de l'étranger; Anvers, Cherbourg, Nice, Venise, etc...; les percées des Alpes : au Simplon, au Mont-Cenis, au Mont-Genèvre, à la Corniche; les grandes routes des Pyrénées aux Alpes; celles de l'Intérieur aux frontières; les nombreux ponts de la Seine et du Rhône, les canaux de l'Escaut, du Rhin au Rhône, etc...; le dessèchement des marais; le rétablissement des églises démolies pendant la Révolution; la construction du Louvre; les embellissements de Paris, ceux de Rome; le rétablissement des manufactures de Lyon; la création des filatures et des tissages qui emploient des millions d'ouvriers; l'appui donné pour la création des manufactures de sucre de betterave qui devaient permettre à la France de ne plus être tributaire des colonies; le musée Napoléon, enrichi de chefs-d'œuvre légitimement acquis par de l'argent ou par des conditions de traités de paix; les encouragements à l'agriculture : introduction du mérinos, culture de la garance, substitution du pastel à l'indigo, courses de chevaux, etc... Napoléon ajoutait :

« L'histoire dira que tout cela fut accompli au milieu de guerres continuelles, sans aucun emprunt, lorsque la dette publique diminuait tous les jours, que les taxes étaient allégées et que des sommes considérables étaient mises en réserve. »

La description de ces bas-reliefs et les commentaires qui doivent l'accompagner résument l'œuvre civile de l'Empereur dont il était, à juste titre, plus fier que de ses conquêtes.

De celles-ci, rien n'est resté à la France, tandis que son œuvre civile a laissé une forte empreinte. Elle a consolidé les principes essentiels posés par la Révolution, et qui ont conduit les Sociétés humaines à un état meilleur.

CRÉATION DE L'ORDRE DE LA LÉGION D'HONNEUR

Napoléon, debout, la tête couronnée de lauriers, couvert du manteau militaire, placé entre deux autels chargés de couronnes, sur le devant desquels est sculptée l'étoile de la Légion d'honneur avec la devise : *Honneur et Patrie*, récompense tous les mérites.

Sur le fond du bas-relief, à la partie supérieure, on lit cette inscription :

> **J'ai excité toutes les émulations,**
> **récompensé tous les mérites**
> **et reculé les limites de la gloire.**
> (*Mémorial de Sainte-Hélène.*)

L'ordre de la Légion d'honneur, créé par une loi de l'an X (1802), fut inauguré de la manière la plus solennelle, aux Invalides, le 14 juillet 1804.

Pacification des troubles.

Création de l'Université.

Pacification des troubles.

Création de l'Université.

Pour répondre aux attaques dont cette institution avait été l'objet à son origine, et pour en faire comprendre le but, Napoléon disait :

« L'unique décoration de la Légion d'honneur avec l'universalité de son application, est le type de l'égalité. Cette institution met sur le même rang le prince, le maréchal et le tambour.

« Si la Légion d'honneur n'était pas la récompense des services civils, comme des services militaires, elle cesserait d'être la Légion d'honneur. Les soldats ne sachant ni lire ni écrire étaient fiers, pour prix d'avoir versé leur sang pour la Patrie, de porter la même décoration que les grands talents de l'ordre civil, et, par contre, ceux-ci attachaient d'autant plus de prix à cette récompense de leurs travaux, qu'elle était la décoration des braves. »

LES TRAVAUX PUBLICS

Napoléon, assis, la tête ceinte d'une couronne rayonnante, indique par son geste, ses droits à la reconnaissance de la postérité pour les grands et utiles travaux qu'il a fait exécuter.

L'art et la science, interprètes de ses grandes et généreuses idées, s'appuient sur des tables où se trouve inscrite la glorieuse nomenclature de ces travaux.

Deux Victoires, placées sur les degrés du trône, et tenant entre leurs mains des palmes triomphales, indiquent que, même pendant la guerre, l'Empereur songeait aux travaux que le gain des batailles lui permettait d'accomplir.

Sur la base du trône, on lit cette inscription :

**Partout où mon règne a passé,
il a laissé des traces durables de son bienfait.**

(*Mémorial de Sainte-Hélène.*)

L'Empereur aimait les grands travaux. Partout où il passait, on le voyait jeter des ponts, ouvrir des routes, percer le flanc des montagnes.

Paris s'enrichit d'une foule de monuments, d'établissements utiles. On posa les fondements de la Bourse, de la Madeleine, de l'Arc de Triomphe ; la colonne de la Grande Armée s'éleva sur la place Vendôme ; de nombreux palais furent rendus à leurs royales splendeurs.

Lyon fut relevée de ses ruines ; les ports reçurent de notables améliorations, trente et un millions furent dépensés pour les ponts et chaussées, cinquante-quatre pour les canaux, quatorze pour les dessèchements, deux cent soixante-dix-sept pour les routes.

PROTECTION AU COMMERCE ET A L'INDUSTRIE

Napoléon, assis, la tête couronnée de lauriers, les mains appuyées sur de longues tables, donne l'impulsion au Commerce et à l'Industrie, personnifiés sous les traits de Mercure et de Vulcain.

Aux pieds de l'Empereur, l'aigle protecteur tenant la Foudre dans ses serres.

Sur les tables, on lit ces inscriptions :

I	II
Le Commerce libre favorise toutes les classes, agite toutes les imaginations ; remue tout un peuple il est identique avec l'égalité et porte naturellement à l'indépendance.	La véritable industrie ne consiste pas à exécuter avec tous les moyens connus et donnés ; l'art et le génie, c'est d'accomplir en dépit des difficultés, et de trouver par là peu ou point d'impossible.
	(*Mémorial de Sainte-Hélène.*)

L'École des Arts et Métiers fut fondée à Châlons ; la chimie et la mécanique perfectionnèrent toutes les branches de l'économie industrielle ; les mérinos furent élevés et répandus dans tout l'empire ; la garance fut substituée à la cochenille, le sucre de betteraves au sucre exotique, le pastel à l'indigo, les soudes artificielles aux soudes étrangères, etc... Des prix furent destinés aux inventions utiles, et les inventeurs honorés des distinctions et des bienfaits du Gouvernement.

Napoléon multiplia les encouragements à l'industrie sous forme de récompenses ou de commandes importantes ; il prêta un million et demi à Richard Lenoir, le créateur en France de l'industrie cotonnière ; en 1811, pendant la crise commerciale, il avança secrètement aux tisseurs d'Amiens les salaires de leurs ouvriers ; il soutint les vieilles industries du drap et de la soie et les industries nouvelles du coton, de la quincaillerie, du sucre de betteraves, etc. (*L'Époque contemporaine*, Albert Malet.)

LA COUR DES COMPTES

Napoléon, assis, la tête couronnée de lauriers, repousse d'une main l'Erreur, la Fraude, et l'Imposture, personnifiant les fournisseurs concussionnaires et les comptables

Protection au Commerce et à l'Industrie.

Le Concordat.

infidèles; de l'autre, il consacre l'ordre financier et la comptabilité régulière représentée par trois figures : La Vérité financière, sur laquelle s'appuie l'Exactitude; puis l'Ordre écrivant sous la dictée de la Vérité :

Sur la base du trône, on lit cette inscription :

COUR DES COMPTES. LOI DU XVI SEPTEMBRE MDCCCVII
Je veux que, par une surveillance active,
l'infidélité soit réprimée
et l'emploi légal des fonds publics garanti.

L'Empereur avait toujours eu, dans sa vie personnelle, les plus grandes habitudes d'ordre, de régularité et d'économie. Il voulut apporter les mêmes règles dans la gestion de la richesse publique.

Aussi a-t-il pu dire plus tard, avec un légitime orgueil :

« Voyez quelles ressources j'ai laissées après moi !

« La France, après tant de gigantesques efforts, après de si terribles désastres, ne demeure-t-elle pas la plus prospère ! ses finances ne sont-elles pas les premières de l'Europe ? A quoi et à qui le doit-on ? J'étais si loin de vouloir manger l'avenir, que j'avais la résolution de laisser un trésor; j'en avais même déjà un, et j'y puisais pour prêter à des maisons de banque, à des familles embarrassées, etc. »

Il créa et organisa la Banque de France. Il voulait des institutions fortes, et sa probité naturelle lui avait fait prendre en dégoût l'agiotage, l'avidité, l'intrigue. Il voulut des armes contre ces ennemis sans cesse renaissants. Il donna de grands pouvoirs à la Cour des Comptes.

Par un décret de 1807, l'Empereur entoura la Cour des Comptes de tout le prestige d'une grande autorité. Il la créa cour souveraine, comme la Cour de Cassation, lui assigna, dans les préséances, un rang immédiat après elle, lui conféra enfin, les attributions les plus importantes.

L'UNIVERSITÉ

Napoléon, assis, le bras gauche levé, remet la Jeunesse française, représentée par un adolescent, aux mains des cinq Facultés qui composent l'Université.

La Faculté des lettres s'appuie sur un double Hermès, représentant Homère et Platon, afin de montrer que l'enseignement universitaire prend l'étude de l'antiquité pour base.

Près d'elle : les Facultés de théologie, de droit, de médecine et des sciences.

On lit sur la base du trône :

DÉCRET DU X MAI MDCCCVI
**Il sera formé,
sous le nom d'Université impériale,
un corps chargé exclusivement
de l'enseignement et de l'éducation publics
dans tout l'Empire.**

L'Empereur organisa l'Université impériale, régla définitivement l'institution de l'École normale, remit en activité l'École française des Beaux-Arts, établit des écoles primaires dans toutes les communes, fonda des Lycées et prodigua les encouragements à la littérature.

Il voulait que la jeunesse française sans distinction de rang et de fortune, pût puiser facilement aux sources du savoir. Il lui ouvrait toutes les routes, en lui montrant au but les plus brillantes récompenses.

D'après la loi du 10 mai 1806, développée dans le décret du 17 mars 1808 : « L'enseignement public, dans tout l'Empire est exclusivement confié à l'Université; aucune école, aucun établissement quelconque d'instruction, ne peut être formé hors de l'Université sans l'autorisation de son chef. Nul ne peut avoir d'école, ni enseigner publiquement sans être membre de l'Université et gradué par l'une de ses Facultés. Néanmoins, l'instruction dans les séminaires dépend des archevêques et évêques, chacun dans son diocèse... »

Les écoles sont placées dans l'ordre suivant : 1° les Facultés, pour les sciences approfondies et la collation des grades; 2° les Lycées; 3° les Collèges, les Écoles secondaires communales; 4° les Institutions particulières; 5° les Pensions particulières; 6° les Écoles primaires ou petites écoles.

Cette hiérarchie subsiste encore en principe, sauf certaines modifications nécessitées par les évolutions sociales.

LE CONCORDAT

Napoléon, debout, réconcilie Rome catholique et la France, représentées par deux jeunes femmes se donnant la main. La première est coiffée de la tiare et tient la double croix; la seconde porte le casque; sa main gauche est armée de la lance. L'Empereur, s'appuyant sur toutes deux, les rapproche par un geste bienveillant.

La croix abattue et profanée, pendant les jours de désordre et de deuil, est relevée, et la morale religieuse peut de nouveau exercer son action.

Un vieillard s'incline et remercie le ciel à la vue de ce signe sacré de la religion de ses pères; une jeune fille à genoux trouve un appui à ses croyances; le jeune homme relève ce symbole de l'espérance et de la régénération.

Le Conseil d'État.

La Cour des Comptes.

Le Conseil d'État.

La Cour des Comptes.

Sur le fond du bas-relief et dans la partie supérieure est gravée cette inscription :

**L'Église gallicane
renaît par les lumières et la concorde.**

Le Concordat fut signé à Paris, le 15 juillet 1801.

« En rétablissant en France, par un concordat, mes relations avec les papes, je n'ai, disait l'Empereur, entendu le faire que sous l'égide des quatre propositions de l'Église gallicane ; sans quoi, j'aurais sacrifié l'honneur et l'indépendance de l'Empire aux plus absurdes prétentions. »

Le premier paragraphe du préambule du Concordat est ainsi rédigé :

« Le Gouvernement de la République française reconnaît que la religion catholique, apostolique et romaine est la religion de la grande majorité des Français. »

Les intentions libérales de l'Empereur ont, du reste, quelque temps après, été complétées à l'occasion du sacre, par cette déclaration faite à une délégation protestante :

« Je veux que l'on sache bien que mon intention et ma ferme volonté sont de maintenir la liberté des cultes. L'empire de la loi finit où commence l'empire indéfini de la conscience ; la loi, ni le prince ne peuvent rien contre cette liberté ; tels sont mes principes et ceux de la nation. »

Les conséquences immédiates du Concordat furent la réhabilitation du culte et du clergé et la restauration des églises depuis longtemps abandonnées.

Les protestants et les israélites furent admis dans les fonctions publiques.

LE CODE NAPOLÉON

Napoléon, assis, indique, par un double mouvement que l'ancienne et confuse législation a cessé d'exister, et qu'une loi unique régira désormais la France.

Un vieillard et un jeune homme, placés sur les degrés du trône qu'occupe Napoléon, personnifient le Droit ancien et le Droit nouveau.

Deux figures occupent les extrémités du bas-relief ; ce sont deux provinces : l'une déchire le droit coutumier, l'autre adhère à la nouvelle loi, égale et intelligible pour tous, et prête serment au Code Napoléon.

Sur les marches du trône on lit cette inscription :

**Mon seul Code, par sa simplicité,
a fait plus de bien, en France
que la masse de toutes les lois qui m'ont précédé.**

(*Mémorial de Sainte-Hélène.*)

Sur la table que le vieillard tient renversée, on lit : *Droit romain, Institutes de Justinien.*

Sur la table que le jeune homme tient droite et ferme on lit : *Code Napoléon. Justice égale et intelligible pour tous.*

Devant le trône sont épars les ouvrages des jurisconsultes célèbres, consultés pour la rédaction de cette œuvre immortelle. — Les différentes lois du Code civil, au nombre de cinquante-six, rendues exécutoires successivement, furent réunies en un seul corps, par la loi du 30 ventôse an XII.

On considère le Code civil comme une des plus grandes œuvres qui soit née de la Révolution française et du Consulat. Cependant, ce travail important souleva de vives critiques. Napoléon dut en faire reviser les textes par le Conseil d'État. Assistant à chacune des séances, son esprit ferme, sa volonté exigeant de tous un travail incessant, il renversa tous les obstacles [1].

Le 3 septembre 1807, une nouvelle rédaction fut décrétée et le recueil des lois du Code civil fut promulgué sous le titre de Code Napoléon.

CRÉATION DU CONSEIL D'ÉTAT

Napoléon, assis, prenant par la main deux vieillards, appelle à lui, pour gouverner et administrer la France, toutes les spécialités, toutes les puissances intellectuelles du pays.

Le génie de la Victoire, placé derrière le trône de l'Empereur, indique que c'est par la guerre que Napoléon est arrivé au pouvoir suprême et qu'en lui se confondent le héros et le législateur.

Sur la base du trône on lit cette inscription :

Conseil d'État, III Nivôse an VIII.
Coopérez aux desseins que je forme
pour la prospérité des peuples.

« Je veux qu'on gouverne par des moyens légaux, et qu'on légalise par l'intervention d'un corps constitué ce qu'on peut être obligé de faire hors de la loi. »

---

[1]. En 1790, l'Assemblée Constituante avait décrété qu'il serait rédigé un « Code général de lois simples ». Le travail considérable du Code civil ne fut mené à bien qu'en 1804, grâce à l'énergique impulsion du Premier Consul.

Au Code civil s'ajoutèrent :

Le Code de procédure civile, 1805-1807; — Le Code de commerce, 1807; — Le Code d'instruction criminelle, 1808; — Le Code pénal, 1810.

Tous encore en vigueur dans leurs parties essentielles.

Le Code Napoléon.

Les Travaux publics.

Le Code Napoléon.

Les Travaux publics.

Les procès-verbaux du Conseil d'État témoignent de la part active que l'Empereur prenait aux travaux de ce corps célèbre. Chaque fois que les circonstances le lui permettaient, il le présidait et prenait part à ses délibérations.

Sous l'Empire, le Conseil d'État est pouvoir constitutionnel; il rédige les lois, les discute devant le Corps législatif, les interprète quand elles sont rendues.

Dominés par ce corps puissant, et soumis à sa censure, les ministres n'occupent que le second rang dans la hiérarchie administrative.

Le Conseil d'État avait place après le Sénat et avant le Corps législatif.

Ces attributions et ces prérogatives ont été modifiées dans la suite, mais le principe qui avait guidé sa formation subsiste toujours.

ADMINISTRATION FRANÇAISE

Napoléon, assis, ayant près de lui le faisceau du pouvoir, tient, de la main gauche, la loi du 28 pluviôse an VIII, qui a constitué la centralisation administrative, et, de l'autre, appuie le timon des affaires sur la France centralisée.

La Justice et la Prudence, placées aux côtés de Napoléon, éclairent et préparent ses décisions. Les deux figures de l'Abondance et de la Prospérité publique indiquent les grands résultats qui doivent être obtenus par l'unité du pouvoir dans l'administration.

Sur la base du trône on lit cette inscription :

CENTRALISATION ADMINISTRATIVE. LOI DU XXVIII PLUVIOSE, AN VIII

J'ai prouvé, même au milieu de la guerre,
que je ne négligeai pas
ce qui concerne les institutions et le bon ordre de l'intérieur.

L'administration avait été organisée par l'Empereur avec tant de vigueur et de clarté, qu'un ordre émané de lui descendait avec une incroyable rapidité du souverain aux ministres, aux préfets, aux sous-préfets, aux maires, et, de ces derniers, aux plus obscurs agents.

« J'avais rendu tous mes ministères si faciles, a-t-il dit, que je les avais mis à la portée de tout le monde, pour peu que l'on possédât du dévouement, du zèle, de l'activité au travail.

« Les rois de France, ajoutait-il, n'ont jamais rien eu d'administratif ni de municipal... Ils ne se sont jamais montrés que de grands seigneurs que ruinaient leurs gens d'affaires. La nation elle-même n'a dans ses goûts que du provisoire et du gaspillage. Tout pour le moment et le caprice, rien pour la durée. Voilà quelles étaient notre devise et nos mœurs en France. »

La France fut divisée en départements et en arrondissements, tous administrés d'après le même système par des agents correspondant, de degré à degré, jusqu'au centre où quelques ministres occupent la tête de l'administration en se groupant en conseil autour du chef de l'État. Cette centralisation, qui a paru, parfois excessive, a amené cette grande unité qui est la caractéristique de l'administration française.

PACIFICATION DES TROUBLES CIVILS

Napoléon, à la fois guerrier et pacificateur, foule aux pieds l'Anarchie dont les armes sont brisées. Il fait tomber les chaînes de l'Église opprimée et, en même temps, élève le rameau de la paix au-dessus de la Vendée qui, soumise et confiante, remet son épée dans le fourreau.

A droite du bas-relief, l'Émigration, rappelée en France, est représentée par un vieillard qui retrouve à la fois patrie, famille et liberté. Sur le côté gauche, les partis qui ont ensanglanté la France, l'ancien Régime et la jeune Liberté se réconcilient.

Sur le fond du bas-relief on lit cette inscription :

**Les principes désorganisateurs s'évanouissent;
les factions se courbent;
les partis se confondent; les plaies se ferment;
la création semble encore une fois sortir du chaos.**

PLANCHE XI

Les Victoires.
Marbres par Pradier. Hauteur 4m50

Campagne de Pologne
1807

Campagne de Belgique
1815

Campagne de Russie
1812

Campagne de Prusse
1806

1801
Campaign of Pepesk.

1812
Campaign of Bajajins

1815
Campaign of Russia

1868
Campaign of Prusse

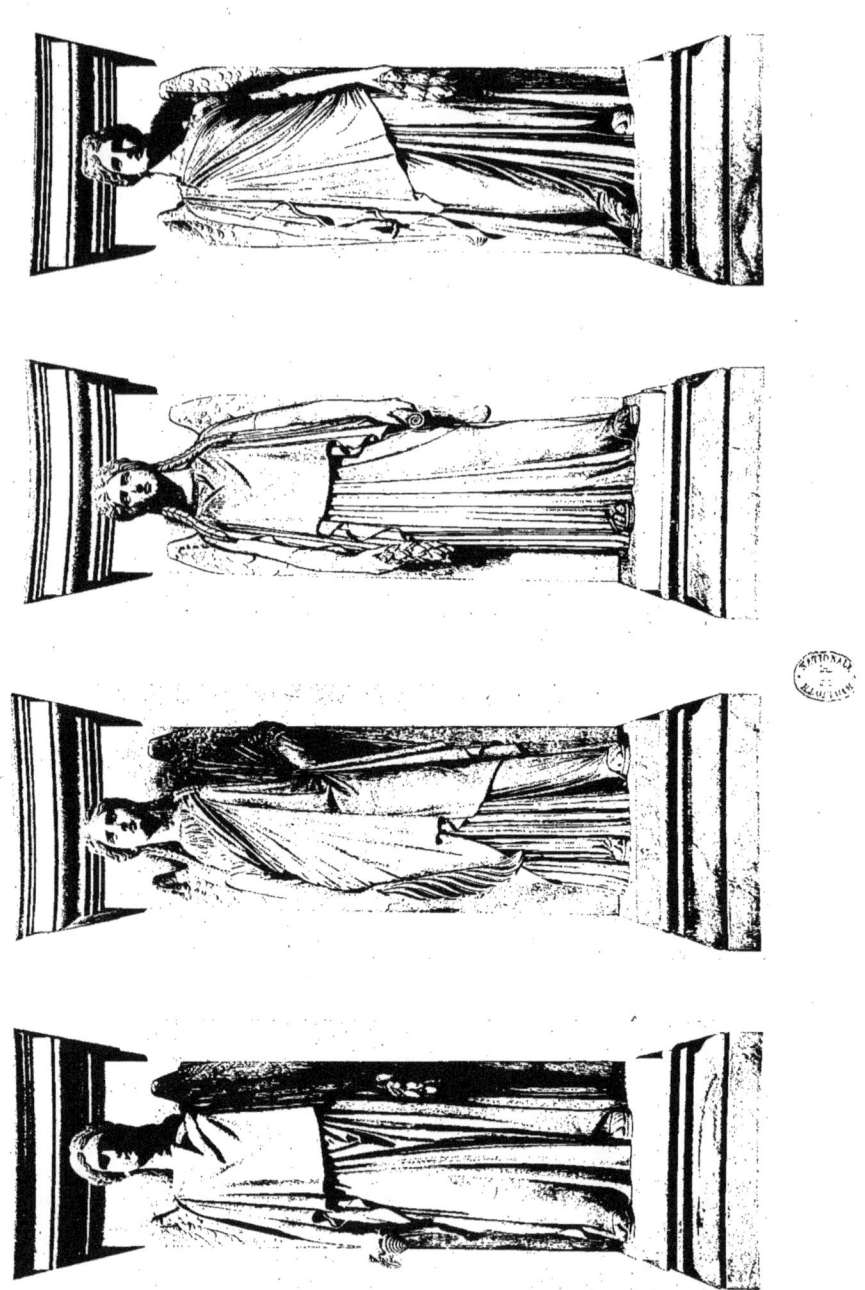

SOUVENIRS DES GUERRES

Il convenait que le souvenir des guerres qui ont acquis à Napoléon une gloire impérissable fût rappelé près de sa sépulture.

Douze grandes statues de femmes symbolisent les principales campagnes qu'il a conduites. Elles sont taillées d'un même bloc de marbre avec les piliers de soutènement de la galerie circulaire. Elles y sont adossées, mais ne figurent pas des *Cariatides*, ce qui leur aurait donné une impression de peine et de souffrance. Ce sont des *Victoires ailées*, sobrement drapées à l'antique.

La tête est dégagée; leur attitude est noble, grave sans être hiératique; la figure tournée vers le sarcophage, elles forment cortège autour du Tombeau; par leurs dimensions colossales (4^m,5o de hauteur), elles augmentent la grandeur de la crypte dont elles constituent une sévère et glorieuse décoration.

Ces statues[1] d'un aspect uniforme, ne se distinguent les unes des autres que par quelques attributs sobres, palmes et couronnes.

> ... *Facies non omnibus una*
> *Nec diversa tamen, qualem decet esse sororum*[1].
> (*Ovide.*)

Elles sont disposées dans l'ordre suivant en entrant à droite :

I. **Première campagne d'Italie (1796).** — Montenotte, Millesimo, Lodi, Castiglione, Arcole, Rivoli. — Une couronne dans la main droite; un sceptre dans la main gauche.

II. **Campagne d'Égypte et de Syrie (1799).** — Pyramides, Mont-Thabor, Aboukir. — Le bras droit est drapé; la main gauche porte une couronne.

III. **Campagne d'Italie (1800).** — Passage du Saint-Bernard, Montebello, Marengo. — La main droite porte une couronne, la main gauche, un glaive.

IV. **Première campagne d'Autriche (1805).** — Ulm, Austerlitz. — La main gauche porte une couronne.

---

1. *Toutes n'ont pas la même figure; elles ne sont pas dissemblables cependant, ainsi qu'il convient à des sœurs.* — Œuvre des plus remarquables de Pradier (1796-1852).

V. Campagne de Prusse (1806). — Iéna. — La main gauche porte une couronne.

VI. Campagne de Pologne (1807). — Eylau, Friedland. — La main gauche porte une couronne, la main droite une pomme de pin, caractéristique des pays du nord.

VII. Campagne d'Espagne (1808). — Madrid. — La main droite porte une couronne, la main gauche une clef de forteresse.

VIII. Deuxième campagne d'Autriche (1809). — Ekmühl, Essling, Wagram. — Dans la main droite, une palme; dans la main gauche, une couronne.

IX. Campagne de Russie (1812). — La Moskowa. — Dans la main droite, une couronne; dans la main gauche, un rouleau de parchemin.

X. Campagne de Saxe (1813). — Lutzen, Bautzen, Dresde, Leipzig, Hanau. — Dans la main droite, une couronne; dans la main gauche, une palme; la tête surmontée d'une flamme.

XI. Campagne de France (1814). — Brienne, Champaubert, Montmirail, Nangis, Craonne, Laon. — Dans la main gauche, une trompette.

XII. Campagne de Belgique (1815). — Ligny-sous-Fleurus. — Dans la main droite, une palme renversée.

Entre les statues des Victoires ont été déposés, sur six pylones, 54 trophées provenant de la Campagne de 1802, qui avaient été conservés au Sénat et qui furent envoyés aux Invalides par la Chambre des Pairs en 1840.

Depuis cette époque, quelques-uns, en trop mauvais état pour être consolidés ont été remplacés par d'autres trophées des guerres de l'Empire.

La partie découverte du sol de la crypte est entièrement formée d'une mosaïque composée avec des émaux de couleur, figurant une grande étoile d'un jaune d'or, à travers les rayons de laquelle s'enlace une couronne de lauriers. Dans les intervalles sont inscrits les noms des grandes batailles :

Rivoli. — Pyramides. — Marengo. — Austerlitz.
Iéna. — Friedland. — Wagram. — La Moskowa.

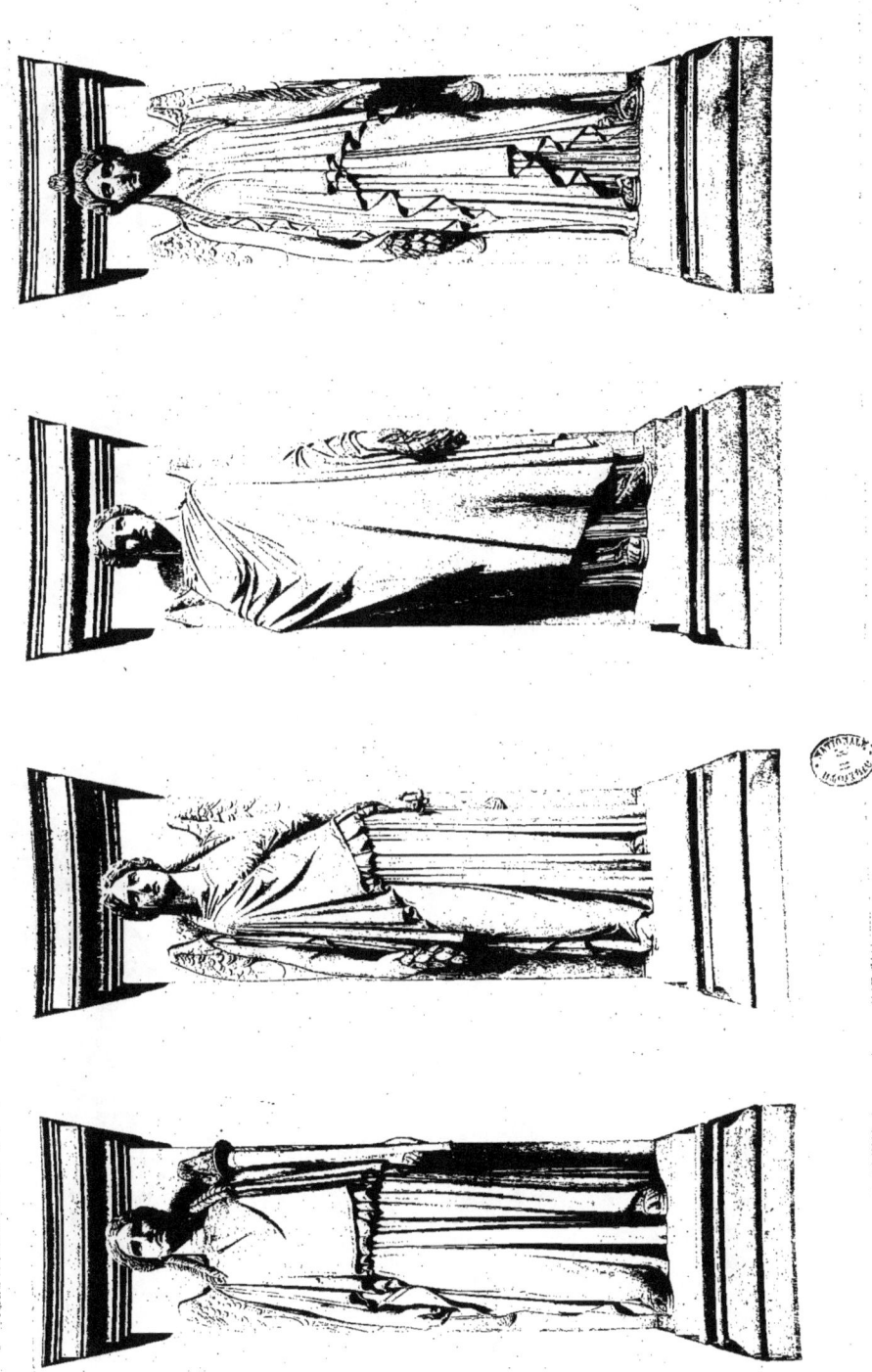

Marbres par Pradier. Hauteur 4m30.

Campagne de France
1814

Campagne d'Espagne
1808

Campagne de Syrie
1799

Campagne de Saxe
1813

PLANCHE X

Les Victoires.
Marbres par Pradier. Hauteur 4m50.

Campagne d'Italie
1796

Campagne d'Autriche
1805

Campagne d'Autriche
1809

Campagne d'Italie
1800

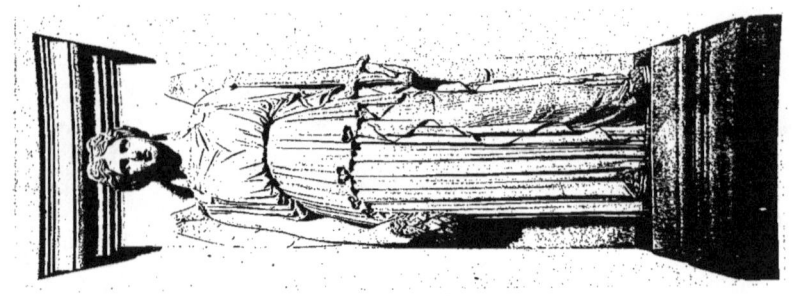

LE SARCOPHAGE ET LA CELLA

Au centre, se dresse le sarcophage formé de quatre blocs : la cuve, le couvercle, les deux supports. Magnifique tombeau dont aucune sculpture inutile ne dépare la sévère simplicité. Il est posé sur un socle de granit vert des Vosges[1].

Le corps de l'Empereur, revêtu de l'uniforme des Chasseurs de la vieille garde, est enfermé dans six enveloppes : la première de fer-blanc; la deuxième d'acajou; la troisième et la quatrième de plomb, la cinquième d'ébène, la sixième de chêne. Il fut transporté dans le sarcophage le 2 avril 1861, la tête tournée vers le midi.

S'ouvrant sur la galerie, dont elle est séparée par une porte grillée, est une chambre obscure appelée **la Cella**, qui constitue le reliquaire où sont conservés sous une châsse vitrée des souvenirs de l'Empereur[2] :

L'épée d'Austerlitz et le chapeau d'Eylau[3].

Le Grand Collier de la Légion d'honneur; le Grand Cordon et la plaque portés par l'Empereur, remis au gouvernement français, par le roi Joseph, en 1843.

Dans la vitrine est également déposée une boîte recouverte de maroquin violet portant la lettre N sur le couvercle. Elle contient trois clefs du cercueil d'ébène.

Une statue colossale de l'Empereur en costume du sacre, par Simart, en marbre blanc rehaussé de dorures ($2^m,66$) en occupe le fond; sur les côtés, de grands trépieds en bronze étaient primitivement destinés à recevoir les drapeaux, qui ont été placés sur les pylônes de la crypte.

Sur les parois sont gravés les noms des batailles qui répètent ceux inscrits sur l'Arc de Triomphe.

---

1. Ces blocs sont d'une pierre très rare et exceptionnellement dure, sorte de porphyre rouge sombre; ils proviennent des carrières impériales de Russie, situées près du lac Onéga, en Finlande. — Le transport, la taille, le polissage exigèrent des efforts considérables et une dépense de trois millions.
2. La vitrine du reliquaire a été terminée le 12 août 1865. C'est alors qu'y furent déposées les souvenirs qu'elle contient.
3. C'est l'arme que l'Empereur portait habituellement. Sur la lame il avait fait graver : Épée que portait l'Empereur à la bataille d'Austerlitz, 1805.

L'ÉGLISE DES INVALIDES

L'Église des Invalides, consacrée en 1706 à la Sainte Trinité, sous le vocable de Saint-Louis, se compose de l'église proprement dite, appelée autrefois l'église des soldats, et de l'église du Dôme ou Chapelle royale.

L'église proprement dite, édifiée par Bruant de 1670 à 1674, est formée de trois nefs; les nefs latérales sont surmontées de galeries formant tribune et d'une corniche qui supporte les trophées.

Une superbe grille en fer poli style Empire, rehaussée d'ornements de bronze doré, sépare l'église du chœur.

Le chœur est partagé en deux parties par une ceinture de balustres en marbre blanc qui limite le sanctuaire.

Primitivement, un seul autel, à double table, servait à l'église des soldats d'un côté et à l'église royale de l'autre. Lors du transfert des cendres de l'Empereur, l'autel fut déplacé pour permettre le passage du corps; les deux églises furent alors séparées; en 1842, on construisit deux autels distincts. Une grille en fer doré et une draperie séparaient l'église des soldats de l'église du Dôme[1].

Largement éclairée par de hautes fenêtres, l'église des soldats a un caractère de simplicité un peu froide, en rapports avec sa destination d'église militaire. Elle tire sa décoration des trophées suspendus aux corniches et placés dans les quatre angles de la grande nef.

1. En 1851, lors des obsèques du maréchal Sébastiani, la chute d'un cierge communiqua le feu à une tenture. L'incendie, activé par le violent courant d'air qui circulait dans la glande nef, consuma un grand nombre des trophées. On décida alors d'établir une séparation complète entre les deux églises, ce qui fut réalisé en 1853, par la construction d'une grande verrière du plus effet, surmontant un portique à arcades de marbre vert, blanc et rouge, rehaussé de bronzes dorés.

Planche XVII

L'Église des Invalides.

PLANCHE XVII

L'Église des Invalides.

SOUVENIRS FUNÉRAIRES DE NAPOLÉON

Dans une chapelle latérale de l'église, appelée *Chapelle Napoléon,* ont été réunis quelques souvenirs funéraires de Napoléon et les dalles du Tombeau de Sainte-Hélène.

L'Empereur avait désigné comme lieu de sa sépulture une petite vallée de verdure dans le voisinage d'une source ombragée de deux saules, où il aimait à venir se reposer et qui s'est appelée depuis : *le Val des Géraniums.*

Le tombeau fut recouvert de trois grandes dalles en pierre calcaire, qu'on dit avoir été apportées à Sainte-Hélène en vue d'une réparation de l'habitation de Longwood.

Aucune inscription n'y fut gravée, parce que le gouverneur Hudson-Lowe voulait que le nom de Bonaparte fût ajouté à celui de Napoléon, ce à quoi le maréchal Bertrand et le général Montholon ne voulurent pas consentir.

Cette circonstance devait inspirer plus tard à Lamartine les strophes suivantes :

> *Ici gît... point de nom!... demandez à la Terre!*
> *Ce nom, il est inscrit en sanglants caractères,*
> *Des bords du Tanaïs au sommet du Cédar,*
> *Sur le bronze et le marbre, et sur le sein des braves,*
> *Et jusque dans le cœur de ces troupeaux d'esclaves,*
> *Qu'il foulait tremblants sous son char!*
> . . . .
> *Jamais nom qu'ici-bas toute langue prononce*
> *Sur l'aile de la foudre aussi loin ne vola,*
> *Jamais d'aucun mortel le pied qu'un souffle efface,*
> *N'imprima sur terre plus belle trace,*
> *Et ce pied s'est arrêté là.*
>
> (Lamartine, *Septième méditation.*)

---

1. Les dalles du tombeau de Sainte-Hélène avaient été apportées à bord de la *Belle-Poule,* le lendemain de l'exhumation ; la veille du départ, elles avaient été descendues dans la cale.

Lors de l'arrivée de la frégate à Cherbourg et du transport du cercueil à Paris, elles restèrent à bord. L'officier chargé du désarmement de la frégate, les fit transporter à l'arsenal.

En 1909, M. A. Picard, ministre de la Marine, en prescrivit le dépôt aux Invalides.

(Voir aux archives du Musée de l'Armée une note rédigée par M. Jouan, capitaine de vaisseau en retraite, qui était aspirant de 2e classe à bord de la *Belle-Poule* et qui constate l'authenticité de ces pierres.)

La tombe de Sainte-Hélène a été reconstituée dans la chapelle Napoléon avec les trois pierres tumulaires au-dessous desquelles apparaît la quatrième pierre de l'intérieur de la fosse.

Cette simple sépulture forme un contraste impressionnant avec la splendeur du monument définitif que devait lui consacrer, vingt ans plus tard, la vénération de la France.

Dans cette chapelle, ont été placées :

1º Le cénotaphe donné par la ville de Cherbourg pour marquer l'endroit où fut déposé le corps lors de son débarquement sur la terre de France. Il se compose d'une plaque et d'un entourage en cuivre poli ; sur la plaque sont gravés un dessin représentant le tombeau de Sainte-Hélène et l'inscription :

8 et 9 décembre 1840,
de Cherbourg au Val de la Haye.
Ici ont reposé les restes mortels de l'Empereur
Napoléon
lors de leur translation de Sainte-Hélène
par la frégate « La Belle-Poule »
Sous le commandement de S. A. R. le prince de Joinville.

2º La couronne de lauriers et de chêne en or[1], offerte par la ville de Cherbourg pour être placée sur le cercueil. Elle y fut déposée par le maire de Cherbourg, à l'anniversaire du 5 mai 1841 ;

3º Le masque de l'Empereur, d'après un moulage pris après sa mort[2] ;

4º Une réduction au 1/5 du cercueil en bois d'ébène[3] ;

5º Le somptueux drap mortuaire en velours violet, barré d'une grande croix de moire blanche soie et argent, rehaussé de crépines d'or et de lourdes broderies d'or :

---

1. Cette couronne qui devait être en or, d'après le texte de la délibération du Conseil municipal de Cherbourg, est en argent doré, très ouvragée. Elle est formée de deux branches, chêne et laurier, réunies par un ruban d'or, sur lequel est inscrit : *A Napoléon le Grand, la ville de Cherbourg reconnaissante.*

2. Une polémique a eu lieu au sujet de la reproduction de ce masque. Le Dr Burton, médecin anglais du 66e régiment d'infanterie, a revendiqué l'honneur d'avoir procédé à ce moulage. Mme Bertrand aurait conservé le creux et plus tard le Dr Antommarchi se le serait approprié ; il en fit exécuter (1823) des reproductions en plâtre et quelques-unes en bronze. Quels que puissent être les droits de propriété, et les conditions dans lesquels le moulage a été exécuté son authenticité ne saurait être mise en doute.

3. Le cercueil en bois d'ébène fut fabriqué à Paris par M. Le Marchand, fournisseur du mobilier de la Couronne ; il fut emporté à Sainte-Hélène par la frégate la *Belle-Poule* pour recevoir le corps de l'Empereur. L'intérieur en est garni de frises de chêne renforcées par des bandes de fer et de cuivre.

Trois réductions exactes en furent faites et sont devenues la propriété de MM. Robiquet, petits-fils de M. Le Marchand ; l'une de ces reproductions qui se trouve au Musée de l'Armée a été donnée par M. Paul Robiquet, avocat au Conseil d'État.

PLANCHE XVIII

Dalles du Tombeau de Sainte-Hélène.
Rapportées lors du Retour des Cendres ;
déposées aux Invalides en 1909.

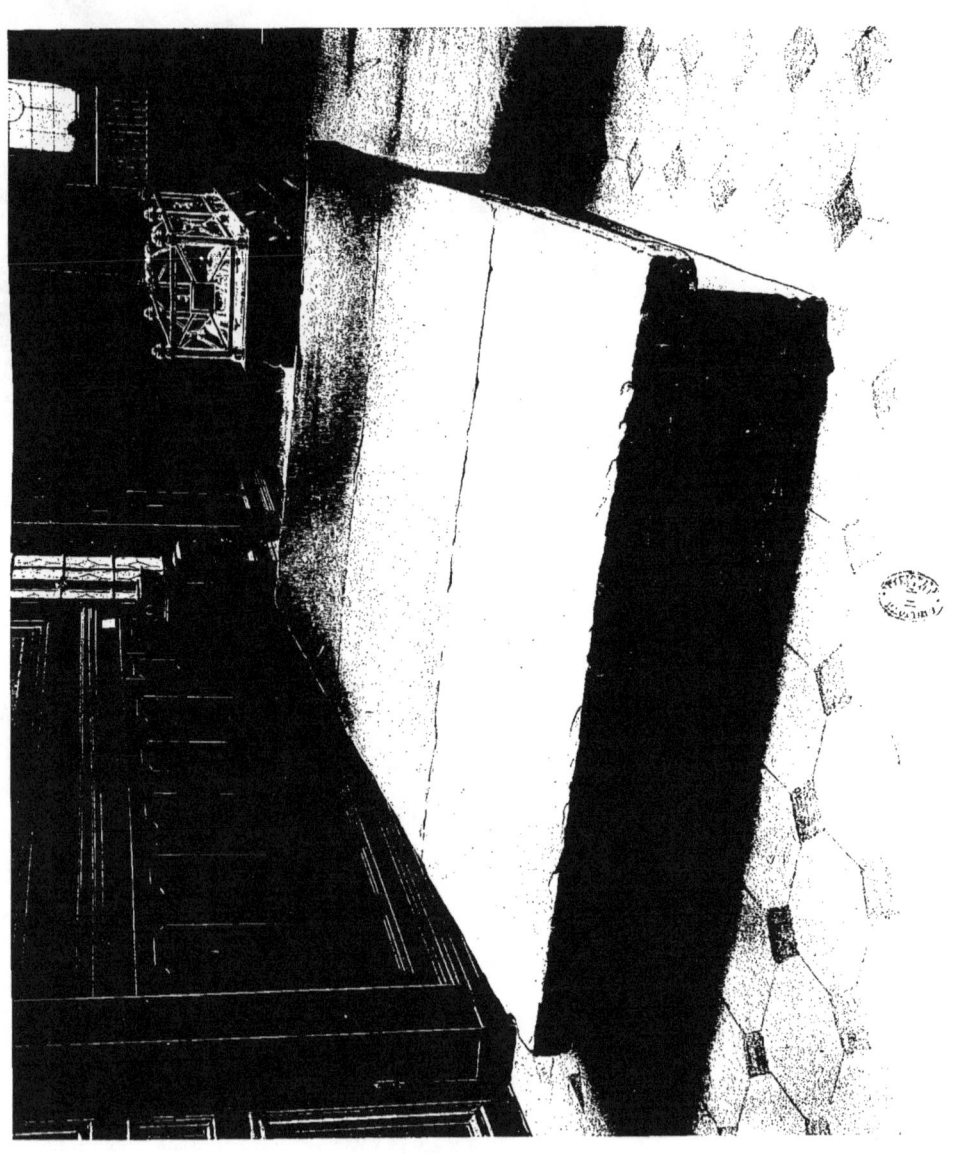

Le Cercueil d'ébène.

Le Cerneuil d'ébène.

diadèmes impériaux, aigles et abeilles, emporté par la frégate la *Belle-Poule*. Il recouvrit le cercueil pendant la traversée et le transport et jusqu'à l'époque où il fut placé dans le sarcophage, en 1861.

Char funèbre. — Sous le porche, à l'entrée de l'église, à droite, a été placé le char funèbre qui servit au transport du corps de l'Empereur de Longwood à sa sépulture de Sainte-Hélène (9 mai 1821).

Le 5 novembre 1858. — Le très honorable Général Sir John Bourgoyne a remis aux Invalides, au prince Napoléon, le char funèbre que S. M. la Reine Victoria offrait à l'Empereur Napoléon III, en présence du Maréchal Vaillant, Ministre de la Guerre et du Gouverneur des Invalides, Général de Division Comte d'Ornano.

Il a prononcé les paroles suivantes :

« S. M. la Reine d'Angleterre, désireuse d'offrir à S. M. Impériale une relique qu'elle sait être intéressante pour la France, m'a chargé du soin d'amener ici et de mettre à la disposition de l'Empereur le char funèbre qui a porté à sa première tombe la dépouille mortelle de l'illustre fondateur de la dynastie napoléonienne.

« L'admiration que je professe, comme soldat, pour le génie sublime et pour les exploits de ce grand guerrier, m'a rendu d'autant plus heureux du choix que ma gracieuse Souveraine a bien voulu faire de moi pour me confier cette honorable mission. »

S. A. I. le prince Napoléon a répondu :

« Général, je reçois, au nom de S. M. l'Empereur, la précieuse relique que la reine d'Angleterre lui envoie. Je la reçois comme un témoignage de son désir d'effacer les poignants souvenirs de Sainte-Hélène, comme un gage de l'amitié qui unit les deux souverains, et de l'alliance qui existe entre les deux peuples. Puisse cette alliance durer pour le bonheur de l'humanité ! puisse-t-elle réserver à l'avenir d'aussi grands résultats que ceux qu'elle a déjà produits ! Je suis chargé par l'Empereur de vous dire, Général, qu'il a été particulièrement sensible au choix que S. M. la Reine a fait de vous pour cette mission. Nous sommes heureux d'avoir à remercier un des glorieux chefs de l'Armée anglaise, à côté de laquelle nous avons combattu et pour laquelle nous avons conservé la plus haute estime [1]. »

---

[1]. Le char funèbre est composé d'un train à quatre roues et d'une flèche de la voiture qui servait à Napoléon pour se promener à Sainte-Hélène. Sur le train avaient été placées une plate-forme et un cadre en fer pour supporter les draperies, qui ont disparu depuis. Voir le dessin du char dans le numéro de l'*Illustration* du 30 octobre 1858.
Le char avait été retiré des Invalides à une date non précisée, et conservé aux Tuileries, remise Caulaincourt ; il fut remis au Garde-meuble en 1874, puis au Musée historique de l'Armée, décembre 1898.

LES DRAPEAUX

A toutes les époques, les troupes au combat eurent un signe de ralliement : enseigne ou drapeau ; les chefs de guerre signalaient leur présence par un oriflamme, une bannière, un fanion porté près d'eux.

Dans les armées françaises du xviiie siècle, il y avait un drapeau par compagnie, puis il n'y en eut plus qu'un par bataillon ; enfin, un seul par régiment. Ces drapeaux étaient de formes et de couleurs diverses, celui du 1er bataillon appelé drapeau colonel, était blanc ; les autres, aux couleurs du régiment, avec un emblème royal.

Depuis la bataille de Fleurus (1692), tous les drapeaux des régiments français reçurent une cravate blanche pour les distinguer des Régiments étrangers au service de la France.

En 1789, l'Assemblée nationale décréta que les couleurs nationales seraient le bleu, le blanc et le rouge ; le bleu et le rouge étaient les couleurs de la Ville de Paris, depuis Étienne Marcel (1360) ; on y ajouta le blanc, symbole de l'autorité royale. Les drapeaux de l'armée ne furent pas modifiés.

Le 22 octobre 1790, l'Assemblée nationale décida, sur la proposition de M. de Virieu, que le pavillon de la marine de guerre qui était blanc, serait chargé d'un canton tricolore.

Le même jour, sur la motion de M. de Praslin, l'Assemblée vota que les cravates blanches des drapeaux de l'armée seraient remplacées par des cravates tricolores. Telle fut l'origine première de notre drapeau national actuel.

Le 30 juin 1791, il fut décidé que toutes les troupes auraient le drapeau tricolore, mais la disposition des couleurs ne fut pas réglée. Il en résulta les plus bizarres combinaisons, issues de la fantaisie des uns et des autres [1].

---

1. Le Musée de l'Armée conserve une collection des plus intéressantes des dessins de ces anciens drapeaux (collection Pernot).

PLANCHE XX

Un Drapeau de la Garde Impériale.

PLANCHE XX.

Un Drapeau de la Garde Impériale.

Il en fut encore ainsi après la création des demi-brigades, en 1793.

Enfin, un décret de la Convention, du 20 mai 1794, détermina l'ordre des couleurs en bandes verticales : le bleu près de la hampe, le blanc au milieu, le rouge flottant.

Mais les anciens drapeaux furent sans doute conservés, car, le 14 juillet 1797, Bonaparte ordonna que des drapeaux semblables seraient distribués à tous les bataillons de l'armée d'Italie.

On inscrivit sur leur étoffe les noms des combats auxquels les bataillons avaient pris part et des devises particulières, telles que :

La 35e s'est couverte de gloire.
Brave 18e, je vous connais, l'ennemi ne tiendra pas devant vous.
La terrible 75e que rien n'arrête.
..... *etc.*

Cette initiative, prise par un général en chef, n'eut pas l'approbation du Directoire. Elle était de nature à amener un particularisme fâcheux dans les troupes; en effet, lorsque l'Armée d'Italie rentra, il y eut des rixes entre certains corps de troupe. Tous ces drapeaux furent retirés.

En 1803, le Premier Consul décida que les drapeaux d'une même arme seraient semblables.

En 1804, lorsque l'Empire fut proclamé, une aigle fut placée aux hampes des drapeaux, à la place du fer de lance. A la distribution solennelle des aigles, le 5 décembre 1804, les formes et dimensions des drapeaux, étendards, guidons, étaient encore différentes suivant les armes, mais les couleurs étaient disposées d'une manière uniforme :

Au centre, un grand carré blanc; quatre triangles alternant bleu et rouge, aux angles de la partie flottante.

La face portait l'inscription : *L'Empereur des Français au..... Regiment de.....* Sur le revers : *Valeur et discipline* avec le n° du bataillon.

Tel fut le drapeau des armées impériales qui parcoururent l'Europe. L'Empereur y fit inscrire les noms des batailles où il avait commandé en personne[1].

A la fin de l'Empire, vers 1812, la disposition des couleurs fut modifiée. On revint à la disposition par bandes verticales, conformément au décret de la Convention du 20 mai 1794.

---

1. Depuis 1851, on a porté les noms des cinq principaux combats, auxquels le Régiment a pris part.

Les drapeaux des Cent jours présentent cette disposition; mais comme le temps fit défaut pour y faire dorer les inscriptions, on remplaça les lettres dorées par des lettres en étoffe[1].

Le drapeau tricolore qui avait disparu sous la Restauration, fut repris en 1830 et, depuis lors, les couleurs nationales n'ont plus varié.

Pendant l'Empire, il n'était pas d'usage de dire le drapeau. L'Empereur disait l'Aigle, car cet emblème avait un caractère impérial très personnel.

Ce n'est que de nos jours que le drapeau, c'est-à-dire les couleurs flottantes, indépendantes de l'emblème de la hampe: aigle, pique, ou coq gaulois, devint réellement le symbole de la Patrie et en représenta l'idéal:

Quelque chose de grand qui ne se comprend pas, et pour quoi l'on meurt.

Aussi, aujourd'hui, un changement des couleurs ou des dispositions des couleurs du drapeau froisserait-il tous les sentiments.

Le dévouement au drapeau résume toutes les vertus militaires. Le culte du drapeau est la religion du soldat. Il n'est pas un soldat qui ne sente une émotion grave lorsque le drapeau est porté sur le front de la troupe et qu'on lui rend les honneurs, ni un marin lorsque l'on hisse les couleurs. C'est le souffle de la Patrie qui passe.

Avant l'attaque, lorsque le colonel donne l'ordre de sortir le drapeau de sa gaine et de déployer les couleurs; au combat désespéré, lorsque le capitaine du navire fait clouer le pavillon au mât, le moment est solennel; l'homme se grandit, chacun a fait pour la Patrie le sacrifice de sa vie.

La perte du drapeau est une douleur pour le soldat, mais ce n'est pas une honte, si le drapeau a été bien défendu; la prise d'un drapeau n'est un titre de gloire qu'à la condition que le combat ait été vaillant. On rend alors honneur à l'adversaire en conservant avec respect les drapeaux ainsi conquis.

1. La planche n° 20 représente le drapeau du 85e régiment d'infanterie (modèle de 1815) dont l'aigle a été traversée, à Waterloo, par deux biscaïens.

PLANCHE XXI

Drapeau du 85ᵉ Régᵗ d'Infʳⁱᵉ pendant les Cent Jours.
L'aigle a été percé par deux biscaïens, à Waterloo.

PLANCHE XXI

Drapeau du 45ᵉ Régᵗ d'Infᵗⁱᵉ pendant les Cent Jours.
L'aigle a été percé par deux biscaïens, à Waterloo.

LES TROPHÉES

Sous l'ancienne monarchie, il était d'usage de déposer à Notre-Dame de Paris, les trophées conquis dans les guerres.

En 1793, lorsque les églises furent fermées, les drapeaux de Notre-Dame furent transportés à l'église des Invalides, alors appelée *Le Temple de Mars*.

Pendant les guerres de la Révolution, les trophées étaient envoyés par les généraux en chef à la Convention. Ils furent déposés aux Invalides lorsque cette Assemblée se sépara.

Pendant les guerres de l'Empire, le nombre des trophées fut si considérable qu'on ne prenait guère la peine d'en dresser l'état, ni même de conserver avec quelque précision la date à laquelle ils avaient été conquis.

L'Empereur les envoyait à Notre-Dame, aux Invalides et aux grands Corps de l'État; les drapeaux autrichiens et russes de la campagne de 1805 (Austerlitz) furent répartis entre l'Hôtel de Ville, le Tribunat et Notre-Dame[1].

280 drapeaux prussiens de la campagne de 1806, avec l'épée et les décorations du Grand Frédéric, enlevés à Potsdam, furent déposés aux Invalides, le 17 mai 1807, avec une grande pompe.

En 1814, le nombre des drapeaux déposés aux Invalides s'élevait à plus de 1.500. — Dans la nuit du 30 au 31 mars 1814, le maréchal Sérurier, gouverneur des Invalides, craignant que les alliés ne vinssent les enlever, donna l'ordre d'allumer un brasier dans la cour d'honneur de l'Hôtel et y fit brûler tous les drapeaux et étendards conservés dans l'église.

L'épée du Grand Frédéric fut jetée dans le brasier.

---

1. Un grand tableau de M. Édouard Detaille, placé au Musée de l'Armée, salle Turenne, représente la remise au Sénat, palais du Luxembourg, des drapeaux de la campagne de 1805.

Tout fut détruit et les débris jetés à la Seine[1].

Dans la même nuit du 30 au 31 mars, l'avis fut donné par le préfet de la Seine à l'archevêque de Paris de faire enlever les drapeaux pendus aux voûtes de Notre-Dame. Cet ordre fut exécuté, mais on ne sut jamais ce que devinrent ces trophées.

A la Chambre des députés, personne ne donna d'ordres et personne, du reste, ne toucha aux drapeaux; mais, en 1815, les alliés voulurent s'en emparer.

Un employé exigea un ordre écrit et, pendant qu'on allait le chercher, il réussit à sauver 54 drapeaux sur les 110 qui s'y trouvaient. Ces drapeaux y sont encore.

Au Sénat, les drapeaux furent cachés par le grand référendaire, marquis de Senonville. En 1840, ces trophées, au nombre de 54, furent envoyés aux Invalides par la Chambre des Pairs, pour être placés près du tombeau de l'Empereur.

Les trophées de l'église qui avaient été détruits en 1814 furent remplacés plus tard par quelques autres de même origine, conservés dans les familles et par les trophées conquis en Algérie, en Crimée, en Italie, au Mexique, et dans les expéditions coloniales du Sénégal, de Chine, du Tonkin, de Madagascar, du Maroc, du Soudan.

En 1906, ces trophées furent soigneusement séparés; les plus précieux d'entre eux furent placés sous vitrine, dans les salles du Musée de l'Armée.

D'après le recensement fait en 1908, le nombre des trophées conservés aux Invalides est de 444[2].

Sur ce chiffre, 220 sont placés dans l'église, 54 dans la crypte.

Aux corniches de l'église sont placés :

43	trophées	provenant des guerres de l'Empire;
2	—	de l'expédition de Morée;
106	—	des guerres de l'Algérie et du Maroc;
7	—	de la guerre de Crimée;
2	—	de la guerre d'Italie 1859;
34	—	de l'expédition du Mexique;
12	—	des expéditions de Chine;
13	—	des expéditions maritimes.

1. En juin 1815, M. Gaillard, ingénieur hydraulique, recueillit un certain nombre de fers de lance, écussons, pièces de métal (168 fragments), etc., provenant des trophées brûlés. — Ces débris, offerts au roi Charles X, furent réintégrés aux Invalides en 1829. — En 1863, ils furent disposés en quatre panoplies qui sont dans le chœur de l'Église avec l'inscription : *Débris des drapeaux conquis par les armées françaises et brûlés dans la Cour d'honneur de l'Hôtel des Invalides, le 30 mars 1814.*

2. Dans ce chiffre ne sont pas compris les trophées provenant, postérieurement à cette date, des expéditions coloniales.

Un des pylônes de la Crypte portant les Trophées.

PLANCHE XXII

Un des pilastres de la crypte portant les Trophées.

NAPOLÉON

Napoléon naquit à Ajaccio, le 15 août 1769.

La Corse appartenait précédemment à la République de Gênes; mais la domination génoise était incessamment menacée par des révoltes intérieures ou par des attaques étrangères. Le 15 mai 1768, Gênes se sentant désormais impuissante, avait abandonné à la France tous ses droits de souveraineté sur l'île et, le 15 août 1768, Louis XV avait signé l'Édit de réunion à la France.

Les efforts de Paoli pour lui conquérir son indépendance avaient été définitivement brisés à la bataille de Pontenuovo, le 5 mai 1769.

La Corse était donc française au moment de la naissance de Napoléon.

Il paraît intéressant de donner tout d'abord le tableau généalogique de la famille de l'Empereur et de ses principales alliances.

FAMILLE DE L'EMPEREUR

Bonaparte (Charles-Marie) 1746-1785
    Père de Napoléon, descendait d'une famille noble italienne, dont une branche s'était fixée en Corse en 1612. Il est né à Ajaccio, fut assesseur à la juridiction d'Ajaccio et mourut à Montpellier.
    Il avait épousé, en 1767, Létitia Ramolino.

Létitia Bonaparte. — Madame mère 1750-1836
    Eut treize enfants dont huit survécurent :

1. Joseph[1] 1768-1844
    Marié en 1794, à Mlle Clary. Roi de Naples en 1806; puis roi d'Espagne en 1808.
    Ne laissa que des filles.

2. NAPOLÉON 1769-1821

---

[1]. Le corps du roi Joseph repose aux Invalides.

3. **Élisa**.. 1773-1820
   Mariée à Bacciochi, qui fut prince de Lucques et de Piombino.
   Elle-même fut créée grande-duchesse de Toscane (1808).
4. **Lucien**.. 1775-1840
   Il était président du Conseil des Cinq-Cents au 18 brumaire et contribua puissamment à la réussite du coup d'État. Il fut chargé d'une ambassade en Espagne, fut tribun, puis sénateur; mais l'indépendance de son caractère amena des difficultés avec l'Empereur et de fréquentes disgrâces.

   Il se retira à Rome, en 1804, et reçut du pape Pie VII le titre de prince de Canino.

   Il se réconcilia avec l'Empereur pendant les Cent jours et soutint énergiquement les droits du Roi de Rome. Lorsque Napoléon eut quitté la France, il retourna en Italie et finit ses jours dans la retraite.

   Esprit élevé, caractère énergique, républicain de cœur, il resta fidèle à ses convictions; il se montra ami des lettres et des arts.

   Marié deux fois, il eut deux enfants du premier lit et neuf du second lit; mais ces unions n'ayant pas été approuvées par l'Empereur, sa descendance n'a pas joui des droits et prérogatives de la famille impériale.
5. **Louis**.. 1778-1846
   Marié, en 1802, avec Hortense de Beauharnais, fille de l'impératrice Joséphine; fut roi de Hollande, en 1806.

   Son fils, Louis Napoléon, qui, à défaut d'enfants mâles de Joseph et par suite de l'exclusion de la descendance de Lucien, avait la prérogative de l'hérédité politique de l'Empereur, fut proclamé empereur, en 1852, sous le nom de **NAPOLÉON III**.
6. **Pauline**.. 1780-1825
   Mariée, en 1797, au général Leclerc, qui mourut à Saint-Domingue, en 1802.

   Remariée, en 1803, au prince Borghèse dont elle ne tarda pas à se séparer. Elle fut reconnue duchesse de Guastalla.
7. **Caroline**.. 1782-1839
   Mariée à Murat, en 1800, reine de Naples, en 1808.

   Très dévouée à l'Empereur qu'elle rejoignit à l'Ile d'Elbe. Renommée pour sa beauté.
8. **Jérôme**[1].. 1784-1860
   Roi de Westphalie de 1807 à 1813; marié à une princesse royale de Wurtemberg, en 1807.

   Son fils, qui porta sous le deuxième Empire le titre de **Prince Napoléon** (1822 † 1891), fut marié à la princesse Clotilde, fille du roi d'Italie, Victor-Emmanuel, morte en 1911.

---

1. Le corps du roi Jérôme repose aux Invalides.

Les fils du prince Napoléon, Victor et Louis, ont recueilli les droits politiques de l'héritage impérial par suite de la mort du **prince impérial Louis**, fils de Napoléon III, qui avait pris du service dans l'armée anglaise et fut tué, en 1879, dans la guerre contre les Zoulous (Afrique australe).

Joséphine (Tascher de la Pagerie). 1763-1814
   Née aux Antilles, veuve du général de Beauharnais, mort en 1794 sur l'échafaud pendant la Terreur, épouse Bonaparte en 1796, sacrée Impératrice le 3 décembre 1804. Divorcée le 16 décembre 1809.
   Elle eut pour enfants de son premier mariage :

Eugène, prince de Beauharnais. 1781-1824
   Fils adoptif de l'Empereur auquel il était très fidèlement attaché, vice-roi d'Italie (1805), se distingua par ses hautes qualités militaires et privées ; commanda les débris de la Grande Armée dans la retraite de Russie, après le départ de l'Empereur.
   Marié à une princesse royale de Bavière; après la chute de l'Empire, il se retira en Bavière et prit le titre de **Duc de Leuchtenberg**.

Hortense. 1783-1837
   Mariée à Louis, roi de Hollande, mère de l'Empereur Napoléon III.

Marie-Louise 1791-1847
   Archiduchesse d'Autriche, fille de l'Empereur d'Autriche, François Ier.
   Mariée, en 1810, à Napoléon dont elle eut un fils, le **ROI DE ROME**; se réfugia en Autriche en 1814; reçut la souveraineté des duchés de Parme, Plaisance et Guastalla, où elle vécut morganatiquement avec le comte de Neipperg, dont elle eut trois enfants.

Napoléon II. 1811-1832
   Fils de l'Empereur et de Marie-Louise, reçut à sa naissance, le titre de **ROI DE ROME**; réfugié à Vienne avec sa mère en 1814.
   Lors de son abdication, l'Empereur l'avait proclamé son successeur sous le nom de **NAPOLÉON II**.
   Il reçut de son aïeul, l'Empereur d'Autriche, le titre de **Duc de Reichstadt**.

Cardinal Fesch (Joseph), oncle maternel de Napoléon. 1763-1839
   Prêtre avant la Révolution, il quitta les ordres, fut commissaire des guerres pendant le Consulat.
   Archevêque de Lyon (1802), ambassadeur à Rome (1803), grand aumônier, comte et sénateur sous l'Empire; en disgrâce pour s'être opposé à la politique de l'Empereur à l'égard du pape Pie VII.
   Pendant la Restauration, il se retira à Rome sans vouloir se démettre de son archevêché.

A dix ans, Napoléon fut envoyé avec ses frères Joseph et Lucien, au collège d'Autun. Peu après, avril 1779, il entrait à l'École militaire de Brienne.

Le 22 octobre 1784, le roi Louis XVI lui accordait une place de Cadet dans la compagnie des Cadets gentilhommes, à l'École royale militaire de Paris.

Le 1er septembre 1785, il recevait une charge de lieutenant en second de la compagnie de Bombardiers d'Autun, du régiment de la Fère. Il avait seize ans.

1er avril 1791, nommé lieutenant en premier;
6 février 1792, nommé capitaine en second;
8 mars 1793, nommé capitaine en premier;
28 vendémiaire an II (octobre 1793), chef de bataillon;
10 frimaire (novembre 1793), adjudant général, chef de brigade provisoire;
30 frimaire (décembre 1793), provisoirement, général de brigade;
18 pluviôse (février 1794), confirmé dans ce grade par le Comité de Salut public.

Ce fut le siège de Toulon qui valut à Bonaparte cet avancement, singulièrement rapide, même dans les circonstances exceptionnelles de cette époque.

« *Récompensez et avancez ce jeune homme*, écrivait Dugommier au Comité de Salut public, en demandant sa nomination de général de brigade, *car, si l'on était ingrat envers lui, il s'avancerait tout seul.* »

Depuis le siège de Toulon, Bonaparte avait été chargé de différentes inspections. Il fut ensuite désigné pour commander l'artillerie de l'Armée de l'Ouest. Sur son refus, il fut rayé de la liste des officiers généraux (15 septembre 1794).

L'inaction à laquelle il était condamné et l'anarchie dans laquelle se trouvait la France ne donnait à Napoléon aucun espoir d'avenir. A cette époque, il songeait à s'expatrier et il avait même demandé l'autorisation de prendre du service en Turquie, lorsque les événements politiques le ramenèrent sur la scène.

Barras le choisit pour commander en second l'Armée de Paris. Grâce à son énergie contre l'émeute, la journée du 13 vendémiaire assura le triomphe de la Convention nationale.

Peu après, il était nommé général en chef de l'Armée de l'Intérieur, puis général en chef de l'Armée d'Italie.

« Quels souvenirs! Quelle époque me rappelle cette belle Italie, disait-il plus tard dans son exil! Je touche encore au moment où je pris le commandement de l'armée qui la conquit. J'étais jeune, plein de vivacité, d'ardeur, j'avais la conscience de mes forces; je bouillais d'entrer en lice. J'avais donné des gages, on ne contestait pas mon aptitude; mais mon âge déplaisait à ces vieilles moustaches qui avaient blanchi dans les combats. Je m'en aperçus et sentis la nécessité de racheter ce désavantage par une sévérité de principes, que je ne démentis jamais. Il me fallait des actions d'éclat pour me concilier l'affection et la confiance du soldat; j'en fis.

« Nous marchâmes, tout s'éclipsa à notre approche. Mon nom était aussi cher aux peuples qu'aux soldats : ce concert d'hommages me toucha; je devins insensible à tout ce qui n'était pas la gloire. L'air retentissait d'acclamations sur mon passage; tout était à ma disposition, tout était à mes pieds; mais je ne voyais que mes braves, la France et la Postérité. »

« Napoléon était de taille ordinaire, plutôt petite que grande (1^m,66). Il avait la tête très grosse, le front large et élevé; ses yeux étaient bleu-clair, ses cheveux fins comme de la soie, ses sourcils châtain-noir. Son regard, qu'il était difficile de supporter, était rapide comme l'éclair, doux ou sévère, terrible ou caressant, selon les pensées qui agitaient son âme. Il avait le nez bien fait, la forme de la bouche gracieuse et d'une extrême mobilité. Ses mains petites, potelées, étaient remarquablement belles et blanches. Sa voix était digne, sonore, accentuée. Il avait la poitrine large, le buste un peu long, en sorte qu'en le voyant à cheval, on l'aurait jugé un peu plus grand qu'il n'était en réalité.

« Son visage, pendant l'enfance et la jeunesse, était celui d'un adolescent italien, brun, vif. Après les campagnes d'Italie et d'Égypte où il avait été éprouvé par les fatigues de la guerre, ses joues étaient creuses et pâles. Ses longs cheveux plats descendant sur ses joues et ses oreilles, lui donnaient un aspect singulier, mais qui inspirait l'intérêt, l'admiration, le respect[1].

« Parvenu au pouvoir, il ne tarda pas à perdre sa maigreur, son teint s'éclaircit et peu de figures étaient aussi belles que la sienne, dès les premières années de l'Empire. C'était un type d'une régularité remarquable[2].

« Le plâtre moulé sur sa tête après sa mort rappelle une belle étude de l'antiquité. »

Devenu Premier Consul, en 1799, puis Consul à vie en 1802, cette période de sa carrière est incontestablement la plus éclatante, celle pendant laquelle il donna la mesure de la puissance de son génie organisateur.

1. Voir le croquis du portrait de Denon (planche hors texte).
2. Voir la médaille gravée pour Droz (planche hors texte), et la médaille gravée par Andrieu, au frontispice du Livre.

M. de Las Cases, qui a vécu dans son intimité à Sainte-Hélène, dit de lui :

« Il se croyait l'homme du Destin, persuadé déjà que rien ne devait lui résister. »

Dans sa proclamation du 12 décembre 1798 aux chefs religieux de l'Égypte, Bonaparte disait :

« Y a-t-il un homme assez aveugle pour ne pas voir que le Destin dirige toutes mes opérations ?..... Je pourrais demander compte à chacun de vous des sentiments les plus secrets de son cœur, car je sais tout, même ce que vous n'avez dit à personne. »

Et quelques mois plus tard, le 18 brumaire, dans sa violente apostrophe au Conseil des Anciens :

« Souvenez-vous que je marche accompagné du dieu de la Guerre et du dieu de la Fortune. »

« Son consulat[1] fait honneur à l'humanité. La moralité en est peut-être le trait le plus caractéristique, le plus admirable. Lui, soldat, nourri dans les camps, sorti des convulsions révolutionnaires, il avait tout d'abord senti que la morale était la véritable, la solide base des sociétés », que c'était surtout un puissant levier et le meilleur des outils de gouvernement. « Il l'a partout hautement honorée... Il a toujours et, en tout, donné l'exemple de la moralité. Toujours, il a fait appel aux sentiments nobles et élevés... On admire Napoléon guerrier; mais combien l'administrateur, l'organisateur, l'homme d'État n'est-il pas plus étonnant encore ? »... « Dans l'habitude de la vie, il était simple, naturel, ouvert; il semblait ignorer sa supériorité; il l'imposait, mais c'était pour ainsi dire à son insu. Il était gai, quelquefois jusqu'à l'enfantillage. Cette gaieté portait toujours avec elle une teinte de bienveillance, et, lorsqu'elle s'exprimait par des gestes, c'était avec une certaine grâce et une certaine délicatesse de manières. Généralement, il aimait beaucoup la causerie. Sa conversation était nourrie et spirituelle. Les expressions en étaient toujours simples; elle m'a paru quelquefois avoir ceci de bizarre, que l'esprit et la logique semblaient pour ainsi dire y lutter ensemble. Le pittoresque de l'expression et la vivacité des images s'y balançaient avec la rigueur de la logique et la force du raisonnement. Dans certains moments, rien ne pouvait égaler l'abondance de ses idées; elles se succédaient avec une rapidité telle qu'elles semblaient jaillir. Il paraissait complètement maître des mouvements de son intelligence; il la mettait en activité et la ramenait au repos à volonté; il passait subitement d'un sujet à un autre, quelque différents qu'ils fussent; par exemple, des mathématiques à la littérature ou à la poésie, et, aussitôt, il y était tout entier, comme s'il s'en fût occupé depuis longtemps. Sa mémoire était prodigieuse.

1. Las Cases, *Mémorial de Sainte-Hélène*.

« Au sujet de ce dernier don de la nature, il avait déjà dit lui-même, en rappelant une circonstance de sa jeunesse :

« Quand j'étais simple lieutenant en second d'artillerie, je restai trois ans en garnison « à Valence; j'aimais peu le monde et vivais très retiré. Un hasard heureux m'avait logé « près d'un libraire instruit et des plus complaisants. Je lus et relus sa bibliothèque. La « nature m'a doué de la mémoire des chiffres. »

« D'un courage froid et calme, il savait conserver au milieu des plus grands dangers une présence d'esprit qui lui permettait de donner des ordres utiles et de veiller à leur exécution. Quand il fallait payer de sa personne, il s'exposait comme le plus obscur des soldats. On connaît des traits nombreux de son intrépidité. Dans les autres circonstances, il n'oubliait pas que, de sa vie, pouvait dépendre le salut de ses armées, d'une nation tout entière et il agissait alors en général. »

Empereur, il avait établi dans toutes les branches de l'administration une centralisation souvent excessive; il était le seul moteur de la puissante machine administrative dont les rouages habilement agencés communiquaient sur un signe de lui, l'activité aux plus petits outils.

« Il mettait en mouvement, par millions, sans dire pourquoi, les hommes et les fonds publics[1]. »

Ses ministres, auxquels n'était laissée aucune initiative personnelle, n'étaient que les transmetteurs du mouvement que lui seul imprimait, mais quelle puissance extraordinaire de conception et d'action!

« Ce diable d'homme, disait le comte Molé, en 1813, après un long entretien sur les travaux publics, il grandit tout ce qu'il touche. »

Ce régime eut pour conséquence de comprimer les intelligences indépendantes et de les éloigner de lui.

Dans l'ordre civil, il voulait surtout des serviteurs et ce qu'il appréciait le plus en eux, c'était la souplesse de caractère, le zèle au travail, mais surtout la passivité dans l'obéissance. Il considérait comme plus important que tout le reste les soins rendus à sa personne.

« C'est là, écrit Pasquier[2], une des faiblesses les plus ordinaires chez les princes.

---

1. Note du comte Mollien à M. de Kératry (1846).
2. *Mémoires de Pasquier*, tome V.

Il en était de même dans l'ordre militaire. Il donnait des ordres nets, entrant souvent dans les plus petits détails, mais dédaignant d'expliquer sa pensée et se déchargeant, le moins possible, de l'exécution. Aussi, ses lieutenants se montraient-ils inquiets de toute responsabilité et souvent incapables d'initiative ; craintifs au point de ne pas oser donner un avis utile ou provoquer un ordre ; maladroits lorsqu'ils étaient livrés à eux-même ; jaloux les uns des autres sous le despotisme du maître. On en sentit les fâcheux effets à l'heure des difficultés, au moment des revers et des désastres (1813). Si puissant que fût le cerveau de l'Empereur, il ne pouvait plus suffire à tout et s'épuisait par suite du travail incessant qui lui était imposé. Cependant sa nette intelligence se ressaisissait parfois et des éclairs de génie venaient, par moments, jeter leur éclat sur les jours sombres (1814).

Restant simple dans ses mœurs, il créa autour de lui une cour fastueuse à laquelle il imposa une sévère étiquette ; il donna le titre de Prince à ses frères, créa des Maréchaux et des Grands Dignitaires avec les charges de l'ancienne monarchie et les combla de dotations. Il voulait être le Maître de tout et de tous, ramener tout à lui, et il s'en persuadait, disant habituellement :

Mes peuples, Mon armée, Mes intérêts.

Il voulait être non seulement le dispensateur de la fortune et des faveurs, mais encore de la gloire et du mérite.

« Je prendrai et je donnerai la gloire comme il me convient de le faire, dit Napoléon, à Lannes, le lendemain d'Eylau, car entendez-vous bien, c'est moi, moi seul qui vous donne votre gloire et vos succès [1]. »

1. *Mémoires de la duchesse d'Abrantès*, tome VI, ch. x.

TITRES DE NOBLESSE

L'Empereur, pour donner plus d'éclat à son trône, créa des titres de noblesse, dont une partie furent attribués aux généraux qui avaient pris part aux différentes campagnes. Les grands dignitaires de l'Empire reçurent des titres de prince et de duc; les ministres, les sénateurs, celui de comte; les présidents des principaux tribunaux, un certain nombre de maires, celui de baron. A ces titres étaient joints des dotations prélevées sur les pays conquis.

Beaucoup de ces titres, perpétués dans les familles jusqu'à nos jours, ont remplacé les noms patronymiques.

Les plus notables sont :

Maréchaux et généraux :

Murat, grand duc de Berg, roi de Naples;
Berthier, prince de Neuchatel et de Wagram;
Bernadotte, prince de Ponte-Corvo, devenu roi de Suède;
Davout, duc d'Auerstaedt, puis prince d'Eckmühl;
Masséna, duc de Rivoli, puis prince d'Essling;
Ney, duc d'Elchingen, puis prince de la Moskowa;
Moncey, duc de Conegliano;
Augereau, duc de Castiglione;
Mortier, duc de Trévise;

Soult, duc de Dalmatie;
Lannes, duc de Montebello;
Bessières, duc d'Istrie;
Victor, duc de Bellune;
Kellermann, duc de Valmy;
Lefebvre, duc de Dantzig;
Marmont, duc de Raguse;
Junot, duc d'Abrantès;
Macdonald, duc de Tarente;
Oudinot, duc de Reggio;
Suchet, duc d'Albuféra;
Duroc, duc de Frioul;
Clarke, duc de Feltre;
Mouton, comte de Lobau.

Hauts fonctionnaires et dignitaires :

Talleyrand, prince de Bénévent;
Fouché, duc d'Otrante;
Cambacérès, duc de Parme;
Lebrun, duc de Plaisance;
Monge, comte de Peluse;
Savary, duc de Rovigo;

Caulaincourt, duc de Vicence;
Maret, duc de Bassano;
Gaudin, duc de Gaëte;
Champagny, duc de Cadore;
Régnier, duc de Massa;
Arrighi de Casanova, duc de Padoue, etc...

On lira ci-dessous le texte d'un brevet de Comte de l'Empire, décerné au général Vandamme. Sa rédaction et sa forme archaïque, au sortir de l'Ère républicaine montrent à quel degré d'orgueil monarchique était monté ce fils de la Révolution.

Napoléon par la Grâce de Dieu Empereur des Français, Roi d'Italie, Protecteur de la Confédération du Rhin, à tous présents et à venir Salut :

Par l'article treize du premier statut du premier Mars mil huit cent huit, Nous nous sommes réservé la faculté d'accorder les Titres que Nous jugerions convenables à ceux de Nos Sujets qui se seront distingués par des Services rendus à l'État et à Nous. La connaissance que Nous avons du zèle et de la fidélité que Notre cher amé le Sieur VANDAMME a manifestés pour Notre Service, Nous a déterminé à faire usage en sa faveur de cette disposition. Dans cette vue, Nous avons par Notre Décret du *dix neuf Mars mil huit cent huit* nommé Notre cher amé le Sieur VANDAMME, *Comte de Notre Empire.*

En conséquence et en vertu de ce Décret, le dit Sieur VANDAMME s'étant retiré par devant Notre Cousin le Prince Archi-Chancelier de l'Empire à l'effet d'obtenir de Notre grâce les Lettres patentes qui lui sont nécessaires pour jouir de son Titre, Nous avons, par ces présentes, signées de Notre main, Conféré et Conférons à Notre cher et amé le Sieur *Dominique, Joseph, René VANDAMME, Général de Division, Commandant en chef le premier corps d'armée de réserve grand aigle de la Légion d'honneur, grand cordon de l'ordre Royal et militaire de Wurtemberg, chevalier grand croix de l'ordre de l'Union de Hollande, né à Cassel, département du Nord, le cinq Novembre mil sept cent soixante dix, le titre de Comte de Notre Empire sous la dénomination de Comte d'Unsebourg, le dit titre sera* transmissible à sa descendance directe, légitime, naturelle ou adoptive, de mâle en mâle par ordre de primogéniture, *après qu'il se sera conformé aux dispositions contenues en l'article dix de Notre premier statut du premier Mars mil huit cent huit.*

Permettons au dit sieur VANDAMME de se dire et qualifier *Comte de Notre Empire* dans tous Actes et Contrats tant en Jugement que dehors; Voulons qu'il soit reconnu partout en la dite qualité, qu'il jouisse des honneurs attachés à ce Titre après qu'il aura prêté le serment prescrit en l'article trente sept de Notre second statut, devant celui ou ceux par Nous délégués à cet effet, qu'il puisse porter en tous lieux les Armoiries telles qu'elles sont figurées aux présentes : *de gueules à la forteresse flanquée de deux tours d'argent soutenue de sinople, ouverte et ajourée de sable, la porte surmontée d'une Renommée d'or; au comble parti de deux traits, au premier des comtes tirés de l'armée; au deuxième d'or, à l'écusson d'azur, chargé d'un S d'or, orlée de même; au troisième de sable, aux quatre grenades d'or, enflammées de gueules et posées en bande; pour livrées : blanc, cramoisi et jaune.*

Chargeons Notre Cousin le Prince Archi-Chancelier de l'Empire de donner communication des présentes au Sénat, et de les faire transcrire sur ses Registres; Enjoignons à Notre Grand Juge Ministre de la Justice, d'en surveiller l'insertion au Bulletin des Lois; Mandons à Nos Procureurs Généraux près Nos Cours d'Appel et à Nos Procureurs Impériaux sur les lieux, de faire publier et enregistrer les présentes à la Cour d'Appel et au Tribunal du domicile du *Sieur VANDAMME* et partout où besoin sera, car tel est Notre bon plaisir; Et, afin que ce soit chose ferme et stable à toujours, Notre Cousin le Prince Archi-Chancelier de l'Empire y a fait apposer, par Nos ordres, Notre Grand Sceau en présence du Conseil du Sceau des Titres.

Donné à *Paris* le *Premier* du mois d'*Avril* de l'An de grâce mil huit cent *neuf.*

Scellé le sept Avril Mil-huit-cent-neuf.
Le Prince Archi-Chancelier de l'Empire,
    CAMBACÉRÈS.

Mais Napoléon aimait le peuple; il avait confiance en lui et le lui a prouvé dans plus d'une occasion. Dans une de ses proclamations on lit ce passage :

« S'il est des hommes nés dans les hautes classes de la société qui aient déshonoré le nom français, l'amour de la patrie et le sentiment de l'honneur national se sont conservés tout entiers dans le peuple des villes, les habitants des campagnes et les soldats de l'armée. »

Il rétablit les sœurs de charité qui avaient été persécutées et dispersées pendant la Révolution; il les protégea, et leur témoigna une respectueuse déférence.

Ce fut lui qui, le premier, attacha une croix de la Légion d'honneur sur la poitrine d'une de ces femmes qui se consacrent avec tant de courage et d'abnégation au soulagement des malheureux.

Il leur accorda une somme importante pour frais de premier établissement, et une somme annuelle de 150.000 francs pour les dépenses. Napoléon écrivait à sa mère :

« Je suis disposé à leur faire de nouvelles et de plus grandes faveurs, toutes les fois que les différents chefs des maisons seconderont de tous leurs efforts et de tout leur zèle le vœu de mon cœur pour le soulagement des pauvres, en se dévouant, avec cette charité que notre sainte religion peut seule inspirer, au service des hôpitaux et des malheureux. »

Il était fier de ses soldats :

« Avec ma garde complète de quarante à cinquante mille hommes, je me serais fait fort de traverser toute l'Europe. On pourra peut-être reproduire quelque chose qui vaille mon armée d'Italie et celle d'Austerlitz, mais à coup sûr, jamais rien qui les surpasse. »

Se préoccupant, à Sainte-Hélène, des jugements que les historiens porteraient sur lui, il disait :

« Après tout, ils auront beau retrancher, mutiler, il leur sera bien difficile de me faire disparaître tout à fait... J'ai refermé le gouffre anarchique et débrouillé le chaos. J'ai dessouillé la révolution, ennobli les peuples et raffermi les rois. J'ai excité toutes les émulations, récompensé tous les mérites et reculé les limites de la gloire. Tout cela est bien quelque chose. Et puis, sur quoi pourrait-on m'attaquer qu'un historien ne puisse me défendre? Seraient-ce mes intentions? — mais il est en fond pour m'absoudre. — Mon despotisme? — mais il démontrera que la dictature était de toute nécessité. — Dira-t-on que j'ai gêné la liberté? — mais il prouvera que la licence, l'anarchie, les grands désordres étaient encore au seuil de la porte. — M'accusera-t-on d'avoir trop aimé la guerre? — mais il montrera que j'ai toujours été attaqué. — D'avoir voulu la monarchie universelle? — mais il fera voir qu'elle ne fut que l'œuvre fortuite des circonstances, que ce furent nos ennemis eux-mêmes qui m'y conduisirent pas à pas. — Enfin, sera-ce mon ambition? — Ah! sans doute, il m'en trouvera et beaucoup; mais de la plus grande et de la plus haute qui fut peut-être jamais! Celle d'établir, de consacrer enfin l'empire de la raison et le plein exercice, l'entière jouissance de toutes les facultés humaines... — En bien peu de mots, voilà pourtant toute mon histoire! »

L'ÉPOPÉE NAPOLÉONIENNE

Est-il possible de résumer en quelques pages l'épopée napoléonienne commencée en 1796, terminée dans le désastre de Waterloo en 1815 ?

Nous allons le tenter, dans l'espoir que ce tableau raccourci donnera une synthèse impressionnante de l'œuvre guerrière de l'Empereur. Nous y intercalerons quelques-unes de ses harangues et de ses proclamations.

Au début des campagnes et après les batailles, Napoléon avait coutume d'adresser à ses troupes des harangues ardentes qui excitaient leur courage; par ses bulletins, il informait la France de ses victoires et de leurs conséquences; par ses proclamations aux peuples, il leur dictait ses volontés; par ses messages au Sénat, il lui imposait ses ordres.

Le style souvent enflammé, toujours autoritaire et énergique de ces harangues, bulletins, proclamations et messages, est frappé d'une empreinte particulière. Il reflète la pensée du chef et du maître dans toute sa force et sa puissance, parfois son emportement et sa colère.

Général, Consul, Empereur, Napoléon s'y peint tel qu'il fut réellement, avec tous les traits de son caractère aux différentes dates de son étonnante carrière. « On le voit agir, on l'entend parler », on comprend la fascination que sa parole exerçait sur les hommes et le culte des soldats qui se sont donnés à lui, jamais las de leurs souffrances, ni avares de leur sang.

GUERRES DE LA RÉPUBLIQUE

Campagne d'Italie (1796). — Trois armées devaient marcher sur Vienne. Bonaparte fut nommé, par le Directoire, Général en chef de l'Armée d'Italie.

Une série d'exploits et de succès ininterrompus marqua la campagne de 1796 devenue légendaire et commença son grand renom militaire.

Lorsque Bonaparte en prit le commandement, l'armée occupait le littoral de Nice à Gênes et ne s'y maintenait qu'avec peine. Elle avait à combattre une armée sarde et une armée autrichienne; Bonaparte lui adressa la proclamation suivante :

« Albenga, 10 avril 1796.

« Soldats! vous êtes mal nourris et presque nus. Le Gouvernement vous doit beaucoup, mais il ne peut rien pour vous. Votre patience, votre courage vous honorent, mais ne vous procurent ni avantage, ni gloire. Je vais vous conduire dans les plus fertiles plaines du monde! Vous y trouverez de grandes villes, de riches provinces, vous y trouverez honneur, gloire, richesses.

« Soldats d'Italie, manqueriez-vous de courage et de constance! »

Bonaparte, passant par le col de Cadibone, sépare les deux armées ennemies; il bat les Sardes à **Montenotte, Millesimo, Dego, Mondovi**, et les contraint à accepter l'armistice de **Cherasco**. *Cette campagne a duré quinze jours* (11 au 28 avril).

Il s'adresse à ses troupes :

« Cherasco, 26 avril 1798.

« Soldats! Vous avez, en quinze, jours remporté six victoires, pris vingt et un drapeaux, cinquante-cinq pièces de canon, plusieurs places fortes, et conquis la partie la plus riche du Piémont. Vous avez fait 15.000 prisonniers, tué ou blessé plus de 10.000 hommes. Vous vous étiez battus jusqu'ici pour des rochers stériles, illustrés par votre courage, mais inutiles à la patrie. Vous égalez aujourd'hui par vos services l'armée conquérante de la Hollande et du Rhin. Dénués de tout, vous avez suppléé à tout. Vous avez gagné des batailles sans canons, passé des rivières sans ponts, fait des marches forcées sans souliers, bivouaqué sans eau-de-vie et souvent sans pain. Les phalanges républicaines, *les soldats de la liberté,* étaient seuls capables de souffrir ce que vous avez souffert. Grâces vous en soient rendues, Soldats! la Patrie reconnaissante vous devra en partie sa prospérité... Mais, Soldats ! il ne faut pas vous le dissimuler, vous n'avez rien fait puisqu'il vous reste encore à faire. Ni Turin, ni Milan ne sont à vous !..... Soldats ! la Patrie a le droit d'attendre de vous de grandes choses ! Justifierez-vous son attente ? Les plus grands obstacles sont franchis, sans doute, mais vous avez encore des combats à livrer, des villes à prendre, des rivières à passer ! En est-il entre nous dont le courage s'amollisse ? Non, il n'en est pas parmi les vainqueurs de Montenotte, de Millesimo, de Dégo, de Mondovi ! Tous brûlent de porter au loin la gloire du Peuple français !..... »

Bonaparte se porte contre les Autrichiens (Beaulieu); il force le passage de l'Adda à Lodi (10 mai) et entre à Milan deux jours après. De nouveau, il s'adresse à son armée :

« Milan, 21 mai.

« Soldats ! vous vous êtes précipités comme un torrent du haut de l'Apennin ; vous avez culbuté, dispersé tout ce qui s'opposait à votre marche. Le Piémont, délivré de la tyrannie autrichienne, s'est livré à ses sentiments naturels de paix et d'amitié pour la France. Milan est à vous, et le pavillon républicain flotte dans toute la Lombardie. Les ducs de Parme et de Modène ne doivent leur existence politique qu'à votre générosité. L'armée qui vous menaçait avec orgueil ne trouve plus de barrière qui la rassure contre votre courage : le Pô, le Tessin, l'Adda, n'ont pu vous arrêter un seul jour ; ces boulevards tant vantés de l'Italie ont été insuffisants ; vous les avez franchis aussi rapidement que l'Apennin. Tant de succès ont porté la joie dans le sein de la patrie. Vos représentants ont ordonné une fête dédiée à vos victoires, célébrée dans toutes les communes de la République. Là, vos pères, vos mères, vos épouses, vos sœurs, vos amantes se réjouissent de vos succès, et se vantent avec orgueil de vous appartenir. Oui, Soldats ! vous avez beaucoup fait !... mais ne nous reste-t-il donc plus rien à faire ?... Dira-t-on de nous que nous avons su vaincre, mais que nous n'avons pas su profiter de la victoire ? La Postérité vous reprochera-t-elle d'avoir trouvé Capoue dans la Lombardie ? Mais, je vous vois déjà courir aux armes... Eh bien ! partons ! Nous avons encore des marches forcées à faire, des ennemis à soumettre, des lauriers à cueillir, des injures à venger.

« Mais que les peuples soient sans inquiétude ; nous sommes amis de tous les peuples, et plus particulièrement des descendants des Brutus, des Scipion, et des grands hommes que nous avons pris pour modèles. Rétablir le Capitole, y placer avec honneur les statues des héros qui le rendirent célèbre, réveiller le peuple romain engourdi par plusieurs siècles d'esclavage : tel sera le fruit de vos victoires. Soldats ! elles feront époque dans la Postérité ; vous aurez la gloire immortelle de changer la face de la plus belle partie de l'Europe. Le Peuple français, libre, respecté du monde entier, donnera à l'Europe une paix glorieuse, qui l'indemnisera des sacrifices de toute espèce qu'il a faits depuis six ans. Vous rentrerez alors dans vos foyers, et vos concitoyens diront en vous montrant : *Il était de l'armée d'Italie...* »

Beaulieu s'était retiré derrière le Mincio. Bonaparte le poursuit, passe le Mincio, occupe Vérone et investit Mantoue.

L'Autriche envoie dans le Tyrol une nouvelle armée commandée par Wurmser, qui descend en deux colonnes par l'Adige et par la vallée du Chiese. Bonaparte lève le siège de Mantoue, se jette sur cette dernière colonne, la bat à **Lonato** (3 août), se retourne contre Wurmser qui avait forcé Masséna à quitter le plateau de Rivoli, et le bat à **Castiglione** (6 août). L'ennemi rentre dans le Tyrol; le siège de Mantoue est repris. Cette campagne a duré *six jours*.

Wurmser réorganise son armée et reprend l'offensive, encore dans deux directions, par l'Adige et par le Brenta. Bonaparte remonte l'Adige, pousse l'ennemi au delà de Roveredo, passe dans la vallée du Brenta, prend Wurmser en queue, le bat à **Bassano** (8 septembre), et le force à s'enfermer dans Mantoue après un combat au faubourg de **Saint-Georges** (19 septembre). Le blocus est repris.

Deux mois après, une quatrième armée autrichienne (Alvinzi) entre en campagne. Bonaparte échoue dans l'attaque de **Caldiero**, à l'est de Vérone; il rentre dans Vérone, mais, par une habile manœuvre, en sort de nouveau, passe l'Adige, et les combats du **Pont d'Arcole** (15, 16, 17 novembre) décident du sort de cette campagne.

Une cinquième armée autrichienne, conduite encore par Alvinzi, descendit l'Adige. Bonaparte l'arrête à **Rivoli** (14 janvier 1797), et, après un dernier combat à **la Favorite** (16 janvier), Wurmser, qui était enfermé à **Mantoue**, se décide à capituler (2 février).

Bonaparte fait connaître ces résultats à son armée par la proclamation suivante :

« Quartier général de Bassano, 9 mars 1797.

« Soldats ! la prise de Mantoue vient de finir une campagne qui vous a donné des titres éternels à la reconnaissance de la Patrie. Vous avez remporté la victoire dans quatorze batailles rangées et soixante-dix combats ; vous avez fait plus de cent mille prisonniers, pris à l'ennemi cinq cents pièces de canons de campagne, deux mille de gros calibre, quatre équipages de pont. Les contributions mises sur les pays que vous avez conquis, ont nourri, entretenu, soldé l'armée pendant toute la campagne; vous avez en outre envoyé trente millions au ministère des finances pour le soulagement du Trésor public. Vous avez enrichi le muséum de Paris de plus de trois cents objets, chefs-d'œuvre de l'ancienne et nouvelle

Italie, et qu'il a fallu trente siècles pour produire. Vous avez conquis à la République les plus belles contrées de l'Europe. Les Républiques transpadane et cispadane vous doivent leur liberté ; les couleurs françaises flottent pour la première fois sur les bords de l'Adriatique, en face et à vingt-quatre heures de navigation de l'ancienne Macédoine, d'où Alexandre s'élança sur l'Orient..... »

Campagne de 1797. — Bonaparte marche sur Vienne par les vallées des Alpes ; il repousse devant lui l'archiduc Charles, arrive à **Leoben** à 100 kilomètres de Vienne et accorde un armistice (7 avril), qui fut suivi de préliminaires de paix et du traité de **Campo-Formio** (17 octobre 1797).

Campagne d'Égypte (1798-1799). — Pendant les années suivantes, 1798-1799, la lutte continua contre les Anglais qu'il était impossible d'atteindre dans leur île. C'est alors que Bonaparte proposa la conquête de l'Égypte pour menacer les possessions anglaises dans les Indes. Il reçoit le commandement de l'armée d'Égypte et lui adresse la proclamation suivante :

« Toulon, 23 avril 1798.

« Soldats! Vous êtes une des ailes de l'armée d'Angleterre ; vous avez fait la guerre des montagnes, des plaines et des sièges ; il nous reste à faire la guerre maritime. Les légions romaines que vous avez quelquefois imitées, mais pas encore égalées, combattaient Carthage, tour à tour, sur cette même mer et aux plaines de Zama ; la victoire ne les abandonna jamais, parce que, constamment, elles furent braves, patientes à supporter la fatigue, disciplinées et unies entre elles...

« Soldats matelots ! vous avez été jusqu'à ce jour négligés ; aujourd'hui la plus grande sollicitude de la République est pour vous ; le génie de la liberté, qui a rendu, dès sa naissance, la République arbitre de l'Europe, veut qu'elle le soit des mers et des nations les plus lointaines.

« Officiers et soldats ! il y a deux ans que je vins vous commander ; à cette époque, vous étiez dans la Rivière de Gênes, dans la plus grande misère, manquant de tout, je vous promis de faire cesser vos misères, je vous conduisis en Italie ; là, tout fut accordé... Ne vous ai-je pas tenu parole ? Eh bien ! apprenez que vous n'avez point encore assez fait pour la Patrie, et que la Patrie n'a point encore assez fait pour vous ! Je vais actuellement vous mener dans un pays où, par vos exploits futurs, vous surpasserez ceux qui étonnent aujourd'hui vos admirateurs, et rendrez à la Patrie des services qu'elle a droit d'attendre d'une armée d'invincibles.

« Je promets à chaque soldat qu'au retour de cette expédition, il aura à sa disposition de quoi acheter six arpents de terre. »

Une armée de 35.000 hommes fut embarquée à Toulon (19 mai 1798). A son passage, Bonaparte s'empara de l'île de Malte et mit fin à l'existence politique du célèbre ordre des Chevaliers de Malte.

L'armée débarqua à Aboukir (1ᵉʳ juillet) et s'empara d'Alexandrie. Bonaparte adressa aux chefs religieux la proclamation suivante qui n'est pas à commenter :

« Alexandrie, 3 juillet 1798.

« Cadis, cheikhs, imans, schorbadgis, dites au peuple que nous sommes amis des vrais musulmans. N'est-ce pas nous qui avons détruit le Pape, qui disait qu'il fallait faire la guerre aux musulmans? N'est-ce pas nous qui avons détruit les Chevaliers de Malte, parce que ces insensés croyaient que Dieu voulait qu'ils fissent la guerre aux musulmans? N'est-ce pas nous qui avons été, dans tous les siècles, les amis du Grand Seigneur (que Dieu accomplisse ses désirs !) et l'ennemi de ses ennemis? »

L'armée des Mamelucks tenta d'arrêter la marche en avant, mais leur brillante cavalerie vint se briser sur les carrés français à la bataille des **Pyramides** (21 juillet) et fut anéantie.

Au moment d'engager la bataille, Bonaparte avait, selon sa coutume, enflammé l'ardeur de ses troupes par cette harangue devenue légendaire :

« Soldats, vous allez combattre aujourd'hui les dominateurs de l'Égypte. Songez que, du haut de ces monuments, quarante siècles nous contemplent. »

Le lendemain, il entrait au Caire.

La bataille de **Sediman** (7 octobre), remportée par Desaix, amena la pacification de la Haute-Égypte.

Par son adroite politique et par son habile administration, Bonaparte assura la domination du pays, avec le concours des chefs religieux qu'il entourait d'honneurs.

« Schérifs, ulémas, orateurs des mosquées, faites bien connaître au peuple que ceux qui, de gaieté de cœur, se déclareront mes ennemis, n'auront de refuge, ni dans ce monde, ni dans l'autre. Y a-t-il un homme assez aveugle pour ne pas voir que le Destin dirige toutes mes opérations? Y aurait-il quelqu'un assez incrédule pour révoquer en doute que tout, dans ce vaste univers, est soumis à l'empire du Destin?

« Faites connaître au peuple que, depuis que le monde existe, il était écrit qu'après avoir détruit les ennemis de l'islamisme, fait abattre les croix, je viendrais au fond de l'Occident remplir la tâche qui m'a été imposée. Faites voir au peuple que, dans le saint livre du Koran, dans plus de vingt passages, et ce qui arrive a été prévu, et ce qui arrivera a été également expliqué. Que ceux donc que la crainte de nos armes empêche de nous maudire changent de sentiment; car, en faisant au ciel des vœux contre nous, ils sollicitent leur condamnation! Que les vrais croyants fassent des vœux pour la prospérité de nos armes!

« Je pourrais demander compte à chacun de vous des sentiments les plus secrets de son cœur; car je sais tout, même ce que vous n'avez dit à personne. Mais un jour viendra que tout le monde verra avec évidence que je suis conduit par des ordres supérieurs, et que tous les efforts humains ne peuvent rien contre moi. Heureux ceux qui de bonne foi seront les premiers à se mettre avec moi! »

Une armée turque s'avançait par la Syrie; Bonaparte se porta au-devant d'elle; il l'arrêta à la bataille du **Mont-Thabor** (26 avril 1899), mais il ne put s'emparer de Saint-Jean-d'Acre. Il revint en Égygte; il anéantit une deuxième armée turque à **Aboukir** (24 juillet 1799).

Mais la flotte française avait été surprise à ABOUKIR par l'amiral anglais Nelson (1ᵉʳ août 1798), et presque complètement détruite. Les communications avec la France étaient perdues.

Peu de temps après, Bonaparte, préoccupé des événements d'Europe, partit secrètement (22 août); il laissa le commandement à Kléber et réussit à échapper aux croisières anglaises.

Une armée anglo-turque fut encore battue à **Héliopolis** (20 mars 1800), mais Kléber périt assassiné par un fanatique (14 juin 1800). L'armée française se maintint encore un an en Égypte; isolée, ne recevant aucun renfort, sa résistance prit fin.

Le général Menou, qui avait remplacé Kléber, signa une capitulation (22 septembre 1801) aux termes de laquelle l'armée française fut rapatriée sur des vaisseaux anglais. L'Égypte était perdue, les Anglais s'emparèrent de l'île de Malte, position maritime de premier ordre dans le bassin oriental de la Méditerranée, qu'ils ont désormais conservée.

GUERRES DU CONSULAT

Lorsque Bonaparte rentra en France, le désordre gouvernemental était à son comble. Il se saisit du pouvoir par un coup d'audace (18 brumaire — 9 novembre 1799). Le Directoire est renversé. Le pouvoir exécutif est confié à trois consuls. Il est nommé Premier Consul.

Bonaparte Premier Consul en 1799, fut nommé Consul à vie par le plébiscite, de 1802.

Dans les dix années écoulées depuis le début de la Révolution, années troublées par les désordres intérieurs, par la guerre étrangère, par les sanglantes violences de la Terreur, la France s'était ruinée; elle n'avait plus ni finances, ni industrie, ni commerce; l'anarchie dominait toutes les administrations; l'indiscipline désorganisait les armées, même victorieuses; un sentiment de lassitude générale opprimait la nation. Tout un ordre social était à reconstituer. Ce fut la tâche du Premier Consul. Il rétablit la paix publique et religieuse, réorganisa les finances, rétablit l'ordre; ces œuvres lui survécurent et immortalisèrent son nom plus encore que ses victoires.

Cependant l'Angleterre, toujours active dans sa haine jalouse, avait réussi à former une seconde Coalition, avec la Russie, l'Autriche, Naples et la Turquie.

Les forces françaises, numériquement très inférieures, étaient très disséminées; elles avaient à défendre, outre les frontières, le territoire des nouvelles Républiques récemment créées : République cisalpine, dans le nord de l'Italie, République romaine à Rome et dans les États de l'Église, République parthénopéenne à Naples, République batave en Hollande, République helvétique.

Campagne de 1799. — La guerre débuta par une série d'échecs en Allemagne et en Italie; les troupes françaises furent ramenées sur les frontières. Seul, Masséna réussit à se maintenir en Suisse contre une forte armée austro-russe; les Autrichiens et les Russes s'étant séparés, il écrasa les Russes dans une bataille de deux jours près de **Zurich** (25 et 26 septembre); il arrêta ensuite dans les gorges de la Reuss (**Trou d'Enfer**), une autre armée russe commandée par Souvarof qui remontait d'Italie; cette armée fut ruinée par les fatigues de ses marches et de ses combats dans les montagnes et mise hors d'état de tenir campagne; elle se retira de la lutte.

La France était encore sauvée d'une invasion et restait de nouveau en face de l'Autriche seule.

Campagne de 1800. — Deux armées autrichiennes attaquèrent : l'une sur le Rhin, l'autre en Italie. Celle-ci bloqua Gênes. Masséna résista héroïquement pendant deux mois et ne capitula que faute de vivres (4 juin).

Mais Bonaparte était déjà en Italie où il était descendu en franchissant audacieusement, au prix des plus grandes difficultés, le col **du Grand-Saint-Bernard** (15-20 mai 1800).

Il tourna l'armée autrichienne de Mélas, après un combat à **Montebello**[1] (12 juin) et lui livra la bataille décisive de **Marengo**[2] (14 juin). Les Autrichiens évacuèrent le Piémont et la Lombardie.

L'Empereur d'Autriche demanda la paix qui fut signée à **Lunéville** (9 février 1801).

L'Angleterre, dépourvue d'alliés, n'ayant plus le moyen de faire continuer la guerre continentale négocia à son tour et signa la paix **d'Amiens** (25 mars 1802), promettant d'évacuer Malte et l'Égypte, conditions qu'elle ne devait pas observer.

L'année 1802 marque donc le rétablissement de la paix générale en Europe, la reconnaissance de la République française et la fin des guerres de la période républicaine.

---

1. Lannes, qui remporta cette victoire, fut créé, sous l'Empire, duc de Montebello.
2. Desaix y fut tué.

GUERRES DE L'EMPIRE

Bonaparte, tout-puissant à l'intérieur, redouté à l'extérieur, rêva la perpétuité du pouvoir et la fondation d'une dynastie.

En août 1802, nommé Consul à vie, il prit, dès lors, le nom de Napoléon-Bonaparte.

Le 18 mai 1804, un Sénatus-Consulte, ratifié par la presque unanimité des suffrages des électeurs, proclama que le Gouvernement de la République était confié à l'Empereur Napoléon.

Napoléon avait alors trente-cinq ans.

L'Empire dura dix ans, jusqu'à l'abdication de Fontainebleau, 16 avril 1814.

Ce furent dix années de guerres continuelles ou, plus exactement, une guerre de dix années contre l'Angleterre, âme des coalitions qui se formèrent successivement contre la France et qu'elle soutenait de son argent :

1805. — *Guerre contre l'Autriche et la Russie* (troisième coalition). — Paix de Presbourg.

1806-07. — *Guerre contre la Prusse et la Russie* (quatrième coalition). — Paix de Tilsitt.

1808. — *Guerres d'Espagne* qui durèrent jusqu'en 1813.

1809. — *Guerre contre l'Autriche* (cinquième coalition). — Paix de Vienne.

1812. — *Guerre contre la Russie* (sixième coalition). — Alors commence la période des revers.

1813. — *Campagne d'Allemagne* (septième coalition). — Les armées françaises sont ramenées en deçà du Rhin.

1814. — *Campagne de France.*

1815. — *Campagne de Belgique.* — Waterloo.

Campagne de 1805. — Les Anglais, ne pouvant obtenir le traité de commerce nécessaire à l'écoulement des produits de leur industrie, dénoncèrent le traité d'Amiens (novembre 1802); ils refusèrent de restituer Malte et saisirent, sans déclaration de guerre, tous les navires français et hollandais (1.200 environ) à portée de leurs escadres (mai 1803).

Napoléon projeta de porter la guerre en Angleterre. Il réunit 150.000 hommes au camp de Boulogne et une flottille de 2.000 bateaux; le passage du détroit, surveillé par la flotte anglaise, ne put être rendu libre; d'autre part, la Russie et l'Autriche réunissaient leurs forces pour venir en aide aux Anglais.

Napoléon se retourne vers le continent.

En un mois, la Grande Armée fut transportée du camp de Boulogne sur le Danube.

Le général autrichien Mack était à Ulm avec 80.000 hommes. Par une large manœuvre, Napoléon le tourna, lui coupa ses communications avec Vienne (combats de **Wertingen** (8 octobre 1805), de **Memmingen** (13 octobre), d'**Elchingen**[1] (14 octobre). **Ulm** capitula le 16 octobre.

Cette première partie de la campagne avait duré quatorze jours.

« 20 octobre 1805

« Soldats de la Grande Armée! en quinze jours, nous avons fait une campagne; ce que nous nous proposions de faire est rempli; nous avons chassé de la Bavière les troupes de la maison d'Autriche, et rétabli notre allié dans la souveraineté de ses États. Cette armée, qui, avec autant d'ostentation que d'imprudence, était venue se placer sur nos frontières, est anéantie. Mais qu'importe à l'Angleterre! son but est rempli; nous ne sommes plus à Boulogne et son subside ne sera ni plus ni moins grand.

« De cent mille hommes qui composaient cette armée, soixante mille sont prisonniers. Ils iront remplacer nos conscrits dans les travaux de la campagne. Deux cents pièces de canon, tout le parc, quatre-vingt-dix drapeaux, tous leurs généraux, sont en notre pouvoir; il ne s'est pas échappé de cette armée quinze mille hommes..... »

Napoléon marche sur Vienne malgré le mauvais temps et tout en livrant de nombreux combats (**Dirnstein**, 11 novembre). En moins d'un mois il arrive à Vienne (13 novembre) et occupe sans résistance la capitale de l'Autriche.

---

1. Le maréchal Ney, qui commandait à ce combat, fut créé duc d'Elchingen; il devait être créé plus tard prince de la Moskowa.

Les Russes et les Autrichiens avaient enfin opéré jonction en Moravie. Napoléon se porte à leur rencontre et les amène à engager la bataille sur un terrain choisi par lui près du village d'**Austerlitz**.

Au lever du jour, l'Empereur dit à ses troupes :

« Soldats! Il faut finir cette campagne par un coup de tonnerre qui écrase nos ennemis. Ne vous attachez pas à tirer beaucoup de coups de fusil, mais plutôt à tirer juste. Ce soir, nous aurons vaincu ces peuplades du nord qui osent se mesurer avec nous. »

Le 2 décembre 1805, il anéantit l'armée austro-russe à la suite d'une admirable manœuvre restée comme un modèle, 70.000 hommes (dont 45.000 seulement furent engagés) écrasèrent 90.000 Austro-Russes, qui perdirent plus de 30.000 hommes, presque tout leur matériel, 40 drapeaux, etc...

Cette victoire qui avait coûté à l'armée française 7.000 hommes, dont 2.000 tués, mit fin à la guerre. Dans la nuit suivante, les deux Empereurs de Russie et d'Autriche sollicitèrent un armistice qui aboutit à la paix de **Presbourg** (26 décembre).

Cette deuxième partie de la campagne avait duré six semaines.

Proclamation d'Austerlitz. — Après la bataille (30ᵉ Bulletin de la Grande Armée).
3 décembre 1805.

« Soldats! je suis content de vous. Vous avez, à la journée d'Austerlitz, justifié tout ce que j'attendais de votre intrépidité. Vous avez décoré vos aigles d'une immortelle gloire. Une armée de cent mille hommes commandée par les Empereurs de Russie et d'Autriche, a été, en moins de quatre heures, ou coupée ou dispersée. Ce qui a échappé à votre feu, s'est noyé dans les lacs. Quarante drapeaux, les étendards de la Garde Impériale de Russie, cent vingt pièces de canon, vingt généraux, plus de trente mille prisonniers sont le résultat de cette journée à jamais célèbre. Cette infanterie tant vantée, et en nombre supérieur, n'a pu résister à votre choc, et désormais vous n'avez plus de rivaux à redouter. Ainsi, en deux mois, cette troisième coalition a été vaincue et dissoute. La paix ne peut être éloignée..... Soldats! lorsque le peuple français plaça sur ma tête la couronne impériale, je me confiai à vous pour la maintenir toujours dans ce haut état de gloire qui seul pouvait lui donner du prix à mes yeux. Mais, dans le même moment, mes ennemis pensaient à la détruire et à l'avilir, projets téméraires et insensés que, le jour même de l'anniversaire du couronnement de votre Empereur, vous avez anéantis et confondus. Vous leur avez appris qu'il est plus facile de nous menacer et de nous braver que de nous vaincre.

« Soldats, lorsque tout ce qui est nécessaire pour assurer le bonheur et la prospérité de notre Patrie sera accompli, je vous ramènerai en France ; là, vous serez l'objet de mes plus tendres sollicitudes. Mon peuple vous reverra avec joie, et il vous suffira de dire : *J'étais à la bataille d'Austerlitz*, pour que l'on vous réponde : *Voilà un brave !* »

L'éclatante victoire d'Austerlitz avait malheureusement eu pour contre-partie le désastre de **Trafalgar** (21 octobre 1805), où les flottes française et espagnole combinées furent détruites par la flotte anglaise, commandée par Nelson qui fut tué.

Les Anglais étaient désormais maîtres absolus des mers.

Campagne de 1806. — La paix de Presbourg, qui mit fin à la guerre contre l'Autriche, et que l'on pouvait espérer voir devenir le prélude d'une paix générale, n'eut pas ces conséquences.

L'armée et la cour prussiennes, exaltées par les souvenirs du Grand Frédéric, prétendaient faire échec à l'omnipotence de Napoléon et l'obliger à évacuer l'Allemagne. La Russie, de son côté, dénonça les traités. Une nouvelle coalition se forma entre la Prusse, la Russie, la Suède et l'Angleterre. Son ultimatum étant resté sans réponse, le roi de Prusse Frédéric-Guillaume III entra en campagne le 1er octobre 1806.

L'armée prussienne, forte de 120.000 hommes, sous le commandement du duc de Brunswick et du prince de Hohenlohe, prit position derrière les passages de la forêt de Thuringe, attendant les secours qu'elle espérait recevoir des Russes.

Napoléon avait 200.000 hommes. Par une hardie manœuvre, il déboucha sur le flanc gauche de l'armée prussienne, afin de couper ses communications avec Berlin.

Le 14 octobre 1806, le duc de Brunswick qui commençait sa retraite fut arrêté et complètement battu à **Auerstaedt**, par le corps du maréchal Davout[1], tandis que l'Empereur écrasait Hohenlohe à **Iéna**.

L'armée prussienne est anéantie ; ses débris sont poursuivis dans la direction de **Prentzlow** (28 octobre), et de **Lubeck** où fut livré le dernier combat (3 novembre). Les forces de la Prusse étaient entièrement détruites.

---

[1]. Le maréchal Davout fut créé duc d'Auerstaedt.

Napoléon était entré à Berlin, le 20 octobre ; la monarchie prussienne était à sa merci.

Cette campagne avait duré vingt jours, depuis la déclaration de guerre.

Proclamation après la bataille d'Iéna.

« Soldats ! une des premières puissances de l'Europe, qui osa naguère nous proposer une honteuse capitulation, est anéantie. Les forêts et les défilés de la Franconie, la Salle, l'Elbe, que nos pères n'eussent pu traverser en sept ans, nous les avons traversés en sept jours..... Nous avons précédé à Berlin la renommée de nos victoires. Nous avons fait soixante mille prisonniers, pris soixante-cinq drapeaux, six cents pièces de canon, trois forteresses, plus de vingt généraux ; cependant, plus de la moitié de vous regrette de n'avoir pas encore tiré un coup de fusil. Toutes les provinces de la monarchie prussienne jusqu'à l'Oder sont en notre pouvoir.

« Soldats ! les Russes se vantent de venir à nous ; nous leur épargnerons la moitié du chemin. Eux et nous, ne sommes-nous pas les soldats d'Austerlitz ?.....

« Soldats ! je ne puis mieux exprimer les sentiments que j'ai pour vous qu'en vous disant que je porte dans mon cœur l'amour que vous me montrez tous les jours. »

Campagne de Pologne (1807). — L'armée russe qui était venue au secours de la Prusse, fut rejetée au delà l'Ukra, à la suite de plusieurs combats heureux.

Au mois de janvier 1807, elle reprit l'offensive, espérant surprendre l'armée française dans ses cantonnements d'hiver. Napoléon déjoua cette tentative, la poursuivit, l'atteignit à **Eylau** (8 février 1807). 70.000 hommes combattaient de part et d'autre sur ce champ de bataille, rendu lugubre par la neige qui le couvrait. Le résultat fut indécis.

La lutte fut suspendue pendant quatre mois. Dans cet intervalle **Dantzig** fut assiégé et pris après deux mois de tranchée ouverte (26 mai 1808)[1].

Au mois de juin, le général Benningsen reprit encore l'offensive ; il fut complètement battu à **Friedland** (14 juin 1807).

La paix de **Tilsitt** (8 juillet 1807), mit fin à la guerre.

Le roi de Prusse en paya les frais ; son royaume fut morcelé ; une contribution de guerre de 600 millions lui fut imposée, tandis que l'Empereur de Russie contractait alliance avec l'Empereur Napoléon.

---

1. Le général Lefebvre commandant le siège fut créé duc de Dantzig.

Mais l'Angleterre reste insaisissable. Pour ruiner son commerce, l'Empereur conçoit une guerre économique qui interdira à ses navires l'accès de tous les ports du continent et qui, pour cette raison, porte le nom de *Blocus continental*. (Décret de Berlin, 11 novembre 1806.)

L'application de ce système, qui avait pour conséquence la confiscation et la destruction de toutes les marchandises anglaises, entraîna l'Empereur à vouloir étendre sa domination non seulement sur l'Allemagne et sur l'Italie dont il est le maître, mais aussi sur la Péninsule ibérique.

Guerres de la Péninsule (1808-1813). — L'Espagne était amie de la France; sa flotte unie à la flotte française, avait été détruite par les Anglais à Trafalgar.

Le Portugal, par suite de sa situation géographique et de son peu d'importance politique, avait été en dehors des conflits qui, depuis la Révolution, avaient armé l'Europe contre la France, mais il était resté fidèle à ses traditions d'amitié avec l'Angleterre dont il ne pouvait d'ailleurs se passer parce que, n'ayant aucune industrie, il en recevait en échange de ses vins, les produits manufacturés. Napoléon voulut lui imposer l'observation du *Blocus continental*, c'est-à-dire la fermeture de ses ports aux navires anglais et la confiscation des propriétés anglaises. Le Gouvernement portugais se résignait à la première condition, mais il refusait d'accéder à la violence inique de la seconde.

Invasion du Portugal (1807-1808). — Après un accord secret avec l'Espagne, ayant pour objet le démembrement du Portugal, l'Empereur envoya, sous le commandement de Junot, un corps de 25.000 hommes qui traversa l'Espagne et le Portugal à marches forcées, sans trouver de résistance armée, mais au prix des plus grandes fatigues. Il entra à Lisbonne, le 20 novembre 1807.

Deux jours avant, le régent[1], la famille royale, toute la noblesse du royaume, etc... (8.000 personnes), s'étaient enfuis au Brésil.

Le Portugal tout entier fut occupé par les troupes françaises[2].

Guerres d'Espagne. — Ce furent aussi la politique du Blocus continental et

---

1. La reine étant atteinte de folie, son fils remplissait les fonctions de régent.
2. Le général Junot fut, dans la suite, créé duc d'Abrantès (ville du Portugal).

une ambition inconsidérée qui entraînèrent Napoléon dans la funeste guerre d'Espagne qu'il jugea lui-même, plus tard, une des causes principales de ses malheurs.

En Espagne, les plus tristes dissensions divisaient la famille royale; d'un côté, le roi Charles IV, la reine et son favori Godoï; de l'autre, le prince des Asturies, Ferdinand, leur fils, héritier du trône.

A la suite d'une sanglante émeute à Aranjuez (18 mars), le roi avait été contraint d'abdiquer.

Napoléon, sous prétexte de rétablir l'ordre, avait fait entrer en Espagne 80.000 hommes sous les ordres de Murat. Murat arriva à Madrid le 23 mars; le roi protesta contre son abdication qui, dit-il, lui avait été arrachée par la force. Le père et le fils demandèrent l'appui de l'Empereur qui se rendit à Bayonne où vinrent le rejoindre le roi, la reine, leur fils et Godoï.

Une scène des plus violentes eut lieu en sa présence, entre le roi, la reine et le prince des Asturies.

Napoléon était alors décidé à en finir avec les Bourbons d'Espagne.

L'Empereur contraignit le prince des Asturies à rendre la couronne à son père; celui-ci la remit entre les mains de l'Empereur et se retira au château de Compiègne; une liste civile lui fut attribuée. Quant au prince des Asturies et à ses frères, ils furent internés au château de Valençay (10 mai).

Napoléon appela au trône d'Espagne (6 juin 1808) son frère Joseph, alors roi de Naples.

Murat, beau-frère de Napoléon, succéda à Naples, au roi Joseph.

Mais alors, éclata un soulèvement général et commença une longue et terrible guerre nationale qui usa les meilleures armées de la France et ne se termina qu'en 1813, par l'évacuation de toute la Péninsule.

Les armées insurrectionnelles n'étaient pas en état de résister en combats rangés. La principale d'entre elles fut mise en pleine déroute par le maréchal Bessières à **Medina del Rio Seco** (14 juillet 1808); mais les insurgés se reformaient vite et continuaient une guerre de guérillas « une véritable guerre au couteau », massacrant les isolés et les faibles détachements.

Deux divisions françaises (20.000 hommes), commandées par le général

Dupont, furent même contraintes à accepter, en rase campagne, une humiliante capitulation, à **Baylen** (21 juillet 1808).

L'Empereur se résolut à passer en Espagne et à y porter la Grande Armée qui était alors disséminée dans les places de la Prusse. Son prestige personnel n'était pas atteint par les insuccès de ses lieutenants.

Il régla les affaires d'Allemagne dans une célèbre entrevue avec l'Empereur de Russie à **Erfurth** (21 septembre 1808), où s'étaient rassemblés, au milieu de fêtes de toutes sortes, la plupart des princes allemands, puis il partit pour l'Espagne (29 octobre 1808), où huit corps d'armée se concentraient entre Bayonne et l'Èbre.

Les Espagnols, soutenus par le corps anglais débarqué en Portugal, avaient réuni des forces importantes. L'armée française perça leur centre sur plusieurs points (**Espinosa**, 10 novembre; **Tudela**, 23 novembre 1808). Un dernier combat dans le défilé de **Somo-Sierra** (28 novembre) lui ouvrit la route de Madrid, où elle entra le 4 décembre.

Cependant, l'armée française, maîtresse de Madrid, était loin d'être maîtresse de l'Espagne. Les troupes espagnoles, maintes fois battues, se reformaient presque aussitôt. La guerre se prolongeait sans qu'on pût en prévoir la fin. L'Empereur en laissa la conduite à ses lieutenants et à son frère, le roi Joseph et rentra à Paris (28 janvier 1809).

Saragosse, capitale de l'Aragon, ne put être prise qu'après deux sièges successifs (24 février 1809), et une résistance acharnée où la population s'ensevelit sous les ruines de la ville : 50.000 hommes, femmes et enfants y périrent.

Les événements de la guerre d'Espagne sont si confus, ils se développent sur des théâtres si différents, si éloignés les uns des autres, sans coordination, qu'il est bien difficile d'en tracer un tableau résumé. Ses combats, ses épreuves, ses succès même n'avaient pas en France le retentissement des campagnes d'Allemagne. — Puis, l'Empereur n'y était pas.

Campagne de 1809. — Après la paix de Presbourg (1805), l'Autriche avait reconstitué son armée. La plus grande partie des forces françaises étant engagées en Espagne et l'attitude de l'empereur Napoléon restant toujours menaçante, l'Autriche crut le moment propice pour une rupture.

L'archiduc Charles prit l'offensive en Bavière, mais l'Empereur avait réuni des forces suffisantes.

Cinq combats : **Thann** (18 avril 1809), **Abensberg** (20 avril), **Landshut** (21 avril), **Eckmühl**[1], (22 avril), **Ratisbonne** (23 avril) décident la retraite de l'Archiduc. Un dernier et sanglant combat à **Ebersberg** (3 mai), ouvre la route de Vienne, où l'armée française entre pour la seconde fois (13 mai); mais les ponts du Danube avaient été détruits. Pour atteindre l'armée autrichienne, Napoléon devait passer de la rive droite sur la rive gauche. Il prépara le passage, au-dessous de Vienne, dans l'île de Lobau. Une partie de l'armée, 40.000 hommes, avait franchi le deuxième bras, lorsque le pont se rompit.

L'archiduc Charles attaqua le 21 mai, sans réussir à rejeter les Français; la bataille recommença le lendemain; Masséna résista avec la plus grande vigueur à **Essling**; puis, sans laisser un seul trophée à l'ennemi, il fit repasser l'armée dans l'île de Lobau[2].

L'armée resta quarante jours dans le camp de l'île de Lobau. Les préparatifs étant terminés, les renforts arrivés, l'armée d'Italie ayant rejoint après avoir remporté la victoire de **Raab** (15 juin), l'Empereur donna l'ordre de passer le deuxième bras du Danube et la bataille de **Wagram**[3] (6 juillet), livrée entre 150.000 Français et 140.000 Autrichiens, décida de la campagne. L'armistice de Znaïm (14 juillet) fut suivi de la paix de **Vienne** (14 octobre).

Sauf l'interminable guerre d'Espagne, les années 1810 et 1811 furent des années de paix relative; seule, l'Angleterre restait armée et irréductible; la Russie se croyait inabordable par son éloignement et par son climat. L'Empereur de Russie résistait aux exigences de Napoléon et réclamait l'évacuation de la Prusse toujours occupée par les Français.

Campagne de 1812. — En 1812, Napoléon se décida à la guerre contre la Russie; il réunit sur la Vistule une formidable armée de plus de 600.000 hommes, dans laquelle tous les peuples de l'Europe, bon gré mal gré, avaient dû fournir des contingents (20.000 Prussiens, 30.000 Autrichiens, etc...)

---

1. Le maréchal Davout fut créé prince d'Eckmühl.
2. Le maréchal Masséna fut créé prince d'Essling.
3. Le maréchal Berthier fut créé prince de Wagram. Le général Mouton, comte de Lobau.

350.000 hommes franchirent le Niémen, le 25 juin. Les armées russes (300.000 hommes) reculèrent.

De sanglants combats partiels livrés à **Ostrowno** (26 juillet), à **Slesmonk** (18 août), à **Valoutina** (20 août), ne décidaient rien, les Russes reculaient toujours, brûlant leurs villes, détruisant tout ce que l'ennemi aurait pu utiliser. Napoléon continue à s'enfoncer dans le cœur du pays pour atteindre Moscou.

Enfin, les Russes s'arrêtent à **Borodino**, près de la petite rivière de la **Moskowa**, et attendent la bataille qui s'engage terrible (7 septembre). Les Français perdirent 30.000 hommes; les Russes 60.000 hommes. Vaincus, mais non détruits, ils se retirent en ordre, laissant libre la route de **Moscou**. L'armée française arriva en vue de la ville sainte, le 14 septembre. Elle y pénétra le lendemain, mais la trouva déserte; avant de se retirer, le général Rostopchine avait vidé les prisons, promettant aux malfaiteurs le pardon de leurs crimes pour allumer et entretenir l'incendie qui, pendant plusieurs jours, allait consumer la moitié de la ville.

Après cinq semaines d'attente et d'anxiété, les Russes n'ayant accepté un armistice que pour gagner du temps et laisser arriver l'hiver, Napoléon dut se résigner et donner l'ordre de la retraite.

Le 19 octobre, il abandonna Moscou.

La retraite de Russie est un des épisodes les plus terribles, non seulement des guerres napoléoniennes, mais des guerres de tous les temps. L'armée, encombrée de blessés et d'un nombre prodigieux de convois de toutes sortes, supportant les plus effroyables souffrances de la famine et du froid, rétrogradait péniblement dans un pays désert qui n'était qu'un vaste champ de neige. Un fort petit nombre de corps avaient gardé quelque formation et faisaient tête aux nuées de cosaques qui harcelaient cette multitude en désordre; la plupart avaient jeté leurs armes et n'étaient plus des combattants; ils jalonnaient la route de leurs cadavres.

Ney, qui couvrait l'arrière-garde avec une poignée de quelques milliers d'hommes, réussit, grâce à une énergie qui a été son plus beau titre de gloire, à échapper à l'étreinte des Russes.

Le 21 novembre, un mois après le départ de Moscou, ce qui reste de l'armée, c'est-à-dire 40.000 hommes sans armes et 8.000 hommes armés, se trouvent réunis. Les armées russes, gagnant de vitesse, cernaient ces débris et il fallait passer la rivière de la **Bérézina** qu'un moment de dégel rendait impraticable.

400 pontonniers, sous les ordres du général Eblé, construisirent deux ponts à Studzianska, travaillant au milieu des glaçons.

Le passage s'effectua le 27 et le 28 novembre; les corps qui avaient conservé quelque formation passèrent d'abord; puis, une cohue qui s'écrasait et que trouaient les boulets russes. Il fallut faire sauter les ponts pour arrêter la poursuite et 8.000 traînards restèrent encore entre les mains de l'ennemi.

Le 4 décembre, le thermomètre descendit à 26 degrés au-dessous de zéro. Les hommes mouraient par milliers. Le 5 décembre, l'Empereur, laissant le commandement à Murat, quitta l'armée pour rentrer en France et parer, autant qu'il était possible, aux conséquences de ces malheurs.

Le froid augmenta encore et, avec le froid, le désordre et le désespoir. Enfin, le 13 décembre, on atteignit le Niémen à Kovno. Il restait 40.000 hommes. Les pertes s'élevaient à plus de 300.000 hommes.

Ce fut un immense désastre.

Campagne de 1813. — La destruction de l'armée française dans la campagne de 1812 fut le signal d'un soulèvement général de l'Allemagne.

La Prusse, humiliée et écrasée par Napoléon, fut secouée par un enthousiasme patriotique qui arma toutes les classes de la nation pour la revanche.

Une nouvelle coalition se forma entre l'Angleterre, la Russie et la Prusse; l'Autriche et la Suède y adhérèrent quelque temps après.

Les débris de l'armée, commandés par le prince Eugène de Beauharnais, avaient dû reculer jusqu'à l'Elbe. On croyait la France épuisée; l'Empereur en tira encore 300.000 hommes, par de nouvelles levées, presque tous conscrits de moins de vingt ans, dont beaucoup savaient à peine charger leurs armes; ils devaient faire preuve dans les batailles du même héroïsme que leurs aînés, mais leur résistance physique ne pouvait être la même.

« Le courage leur sortait par tous les pores, » a dit Napoléon.

C'est avec eux que l'Empereur remporta, en Saxe, sur les Russes et sur les

Prussiens, les victoires de **Lutzen** (2 mai) et de **Bautzen** (21 mai), suivies d'un armistice d'un mois. L'Autriche et la Suède entrèrent alors en campagne. Les coalisés formèrent trois armées :

L'Armée du Nord, sous les ordres de Bernadotte[1], l'Armée de Silésie, sous les ordres de Blücher, l'Armée de Bohême, sous les ordres de Schwartzenberg, au total 500.000 hommes.

Napoléon fut encore vainqueur à **Dresde** (26-27 août), mais les échecs de Vandamme à **Kulm** (29 août) contre l'Armée de Bohême; de Macdonald à **la Katzbach** (26 août), contre l'Armée de Silésie; d'Oudinot à **Gross-Beeren** (23 août), de Ney à **Dennevitz** (6 sept.) contre l'Armée du Nord, le contraignirent à se replier sur **Leipzig**.

C'est dans la plaine qui entoure cette ville, que se livra, pendant quatre jours (16 au 19 octobre), la plus formidable bataille de toutes les guerres de l'Empire; les Allemands l'ont appelée la *Bataille des Nations*.

Napoléon avec 155.000 hommes y soutint l'effort de 300.000 Allemands, Autrichiens et Russes. Les pertes furent d'environ 60.000 hommes de part et d'autre. Il fallut battre en retraite. Napoléon ramena son armée sur le Rhin. Un dernier combat fut livré à **Hanau** (29 octobre), contre un corps bavarois qui prétendait barrer la route.

La France allait être envahie.

Campagne de 1814. — L'invasion. — Les trois Armées alliées passèrent le Rhin (21 décembre au 1ᵉʳ janvier). Bernadotte entra en Belgique, Blücher et Schwartzenberg se dirigèrent sur Paris, le premier par la vallée de la Marne, le second par la vallée de la Seine.

Un corps autrichien attaquait la frontière du Jura; les Anglais, les Espagnols et les Portugais franchissaient les Pyrénées.

Aux 300.000 hommes des Armées de Silésie et de Bohême, Napoléon opposait 80.000 hommes. Dans cette lutte suprême, il déploya les plus admirables ressources de son génie militaire. Les deux armées ennemies réunies lui font

---

[1]. Le roi Charles de Suède, n'ayant pas d'héritiers, avait adopté comme successeur, en 1810, le maréchal Bernadotte. La Suède ayant dû entrer dans la coalition, Bernadotte prit une part active à la campagne de 1813 contre Napoléon; mais, en 1814, il se refusa à suivre les alliés dans l'invasion de la France.

subir un échec à la **Rothière** (1ᵉʳ février), mais elles commettent la faute de se séparer. Alors, Napoléon se plaçant entre elles, court de l'une à l'autre, les bat successivement à **Champaubert** (10 février), **Montmirail** (11 février), **Vauchamps** (14 février), **Mormant** (17 février), **Montereau** (18 février), et les force à reculer. L'Empereur est encore vainqueur à **Craonne** (7 mars). Mais, battu à **Arcis-sur-Aube** (23 mars), il se jette sur les derrières de l'ennemi, espérant l'attirer à lui et arrêter sa marche, tandis que les maréchaux Marmont et Mortier défendaient les routes de Paris.

Aux combats de **Fère-Champenoise**, de **Sézanne**, de la **Ferté-Gaucher**, de **Brie-Comte-Robert** (25-26-27-28 mars), ils disputent le terrain avec acharnement pied à pied.

Enfin, le 29 mars, les maréchaux reculent sur Paris; l'ennemi y arrive en même temps. Paris n'était pas fortifié; Marmont, Mortier, Moncey avec les débris de leurs troupes et une poignée d'Invalides, d'élèves de l'École Polytechnique, de gardes nationaux, 40.000 hommes en tout, repoussent les attaques aux portes même des murs d'octroi et font subir des pertes considérables à l'ennemi.

La résistance ne pouvait être prolongée, la capitulation fut signée le 30 mars; les alliés entrèrent dans Paris le lendemain.

Napoléon, qui revenait au secours de la capitale, se replia sur Fontainebleau.

ABDICATION DE FONTAINEBLEAU, 6 AVRIL 1814.

Le 6 avril, l'Empereur abdiqua en faveur de son fils, le roi de Rome.

Le même jour, le Sénat proclamait roi de France, sous le nom de Louis XVIII, le comte de Provence, frère de Louis XVI.

Le traité du 11 avril avec les alliés accorda à l'Empereur la souveraineté de l'île d'Elbe et le droit d'emmener 400 hommes de sa garde.

Accompagné de commissaires des puissances, il partit de Fontainebleau pour se rendre à Fréjus où il s'embarqua, le 28 avril, sur une frégate anglaise.

Pour se soustraire aux violences de la population du Midi, l'Empereur, qui avait fait trembler le monde, dut se dissimuler sous un uniforme autrichien.

LES CENT JOURS[1]

Napoléon était informé de l'impopularité du Gouvernement de la Restauration. Après dix mois de séjour à l'île d'Elbe, il crut le moment favorable pour reprendre le pouvoir. Trompant la surveillance dont il était l'objet, il débarqua, le 1ᵉʳ mars 1815, au golfe Juan, près de Fréjus, avec une poignée d'hommes.

Proclamation du retour de l'île d'Elbe.

« Français!... après la prise de Paris, mon cœur fut déchiré, mais mon âme resta inébranlable. Je ne consultai que l'intérêt de la Patrie ; je m'exilai sur un rocher au milieu des mers. Ma vie vous était et devait encore vous être utile...

« Français! dans mon exil, j'ai entendu vos plaintes et vos vœux : vous réclamiez ce gouvernement de votre choix, qui seul est légitime ; vous accusiez mon long sommeil ; vous me reprochiez de sacrifier à mon repos les grands intérêts de la Patrie. J'ai traversé les mers au milieu des périls de toute espèce ; j'arrive parmi vous reprendre mes droits qui sont les vôtres. Tout ce que des individus ont fait, écrit ou dit depuis la prise de Paris, je l'ignorerai toujours ; cela n'influera en rien sur le souvenir que je conserve des services importants qu'ils ont rendus, car il est des événements d'une telle nature qu'ils sont au-dessus de l'organisation humaine.

« Soldats! dans mon exil j'ai entendu votre voix ; je suis arrivé à travers tous les obstacles et tous les périls ; votre général appelé au trône par le choix du peuple, et élevé sur vos pavois, vous est rendu ; venez le joindre. Arrachez ces couleurs que la Nation a proscrites... Arborez cette cocarde tricolore : vous la portiez dans nos grandes journées!... Reprenez ces aigles que vous aviez à Ulm, à Austerlitz, à Iéna, à Eylau, à Friedland, à Tudela, à Eckmühl, à Essling, à Wagram, à Smolensk, à la Moskowa, à Lutzen, à

---

[1]. Le nom de Cent Jours est resté historiquement employé pour désigner cette période d'environ cent jours, pendant laquelle l'Empereur reprit le pouvoir.

Wurtschen, à Montmirail... Vos biens, vos rangs, votre gloire, les biens, les rangs et la gloire de vos enfants, n'ont pas de plus grands ennemis que ces princes que les étrangers nous ont imposés... Les vétérans des armées de Sambre-et-Meuse, du Rhin, d'Italie, d'Égypte, de l'Ouest, de la Grande Armée sont humiliés; leurs honorables cicatrices sont flétries. Leurs succès seraient des crimes; ces braves seraient des rebelles, si, comme le prétendent les ennemis du peuple, les souverains légitimes étaient au milieu des armées étrangères. Les honneurs, les récompenses, leur affection, sont pour ceux qui les ont servis contre la Patrie et contre nous.

« Soldats! venez vous ranger sous les drapeaux de votre Chef; son existence ne se compose que de la vôtre; son intérêt, son honneur et sa gloire ne sont autres que votre intérêt, votre honneur et votre gloire. La victoire marchera au pas de charge; l'aigle avec les couleurs nationales volera de clocher en clocher, jusqu'aux tours de Notre-Dame. Alors vous pourrez montrer avec honneur vos cicatrices; alors vous pourrez vous vanter de ce que vous aurez fait. Vous serez les libérateurs de la Patrie. Dans votre vieillesse, entourés et considérés de vos concitoyens, ils vous entendront avec respect raconter vos hauts faits; vous pourrez dire avec orgueil : « Et moi aussi je faisais partie de cette Grande Armée qui est entrée deux fois dans les murs de Vienne, dans ceux de Rome, de Berlin, de Madrid, de Moscou, qui a délivré Paris de la souillure que la trahison et la présence de l'ennemi y ont empreinte. »

Le 20 mars, l'Empereur rentrait aux Tuileries, au milieu de l'enthousiasme populaire, escorté par les troupes envoyées pour arrêter sa marche.

Campagne de 1815. — Mais les Puissances alliées refusèrent toute négociation avec lui, le déclarèrent hors la loi et s'engagèrent à mettre 800.000 hommes sur pied pour le combattre à outrance.

Napoléon réunit 124.000 hommes et résolut de se jeter sur les armées ennemies pour les accabler successivement avant qu'elles aient eu le temps de se concentrer.

Il se porta aussitôt en Belgique où se réunissaient une armée anglaise commandée par Wellington et une armée prussienne commandée par Blücher.

Le 15 juin, il passa la Sambre, à Charleroi; le 16, il battit Blücher à **Ligny**; le 17 au soir, il joignit l'armée anglaise à **Waterloo**.

Le 18, à midi, il engagea la bataille. La ferme résistance de l'infanterie anglaise donna aux Prussiens le temps d'arriver. Une lutte sanglante de huit heures se termina par un affolement et par la déroute. Seuls, les carrés de la vieille garde restèrent inébranlables et se firent écraser par l'artillerie. Deux de ces carrés tinrent jusqu'à 9 heures du soir; alors ils battirent en retraite.

La poursuite de la cavalerie prussienne dura toute la nuit. Les débris de l'armée atteignirent Charleroi où ils passèrent la Sambre.

La journée de Waterloo termina l'épopée impériale. Cette dernière campagne avait duré quatre jours, du 15 au 18 juin.

Le 20 juin, Napoléon rentra à Paris.

Le 22 juin, il fut contraint à une nouvelle abdication.

SECONDE ABDICATION DE L'EMPEREUR NAPOLÉON (22 JUIN)

« Français! en commençant la guerre pour l'indépendance nationale, je comptais sur la réunion de tous les efforts, de toutes les volontés, et sur le concours de toutes les autorités nationales. J'étais fondé à espérer le succès, et j'avais bravé toutes les déclarations des Puissances contre moi. Les circonstances paraissent changées. Je m'offre en sacrifice à la haine des ennemis de la France. Puissent-ils être sincères dans leurs déclarations et n'en avoir voulu seulement qu'à ma personne! Ma vie politique est terminée, et je proclame mon fils, sous le titre de *Napoléon II, empereur des Français*. Les ministres actuels formeront provisoirement le conseil du gouvernement. L'intérêt que je porte à mon fils m'engage à inviter les Chambres à organiser sans délai la régence par une loi. Unissez-vous tous pour le salut public et pour rester une nation indépendante. »

L'Empereur partit pour Rochefort, dans l'espoir de s'embarquer pour les États-Unis; mais la mer était gardée par une croisière anglaise, et, plutôt que de tomber aux mains des Bourbons, il se remit entre celles des Anglais. Le 15 juillet 1815, il se rendit à bord du vaisseau anglais le *Bellérophon*, après avoir fait porter au commandant, par son aide de camp, le général Gourgaud, la lettre suivante :

« En butte aux factions qui divisent mon pays et à l'inimitié des plus grandes Puissances de l'Europe, j'ai terminé ma carrière politique et je viens, comme Thémistocle, m'asseoir au foyer du peuple britannique; je me mets sous la protection de ses lois que je réclame de V. A. R. comme du plus puissant, du plus constant et du plus généreux de mes ennemis. »

Le *Bellérophon* se dirigea aussitôt sur Plymouth.

L'arrivée de l'Empereur y causa une curiosité qui tenait de la fureur.

L'Empereur paraissait vers 5 heures du soir sur le pont pour respirer l'air. La mer se couvrait alors d'une multitude de bateaux, qui entouraient le vaisseau, et si serrés qu'on ne voyait plus l'eau; on aurait cru cette foule rassemblée sur une place publique. A l'apparition de l'Empereur, l'agitation de tout ce monde était singulière, et il était aisé de voir qu'il n'y avait aucun sentiment hostile.

A un certain moment, le nombre des bateaux était tel que le capitaine du *Bellérophon* en conçut de l'inquiétude, et fit tirer le canon pour se dégager; il en résulta une véritable panique [1].

Des sympathies à l'égard de l'Empereur vaincu commençaient à se manifester dans toute l'Angleterre; aussi, les ministres crurent-ils prudent de hâter le départ pour Sainte-Hélène où l'on avait résolu de le déporter. L'Angleterre et l'Europe ne pouvaient être rassurées qu'en enlevant à Napoléon tout moyen de reparaître.

NAPOLÉON A SAINTE-HÉLÈNE

L'Empereur arriva à Sainte-Hélène le 17 octobre, à bord du *Northumberland*, avec quelques amis fidèles, suivi, quelque temps après, par les commissaires des grandes Puissances chargés de le surveiller.

On lui affecta pour résidence une habitation incommode et insuffisante, à Longwood, dans l'intérieur de l'île.

Le général sir Hudson Lowe, assuma le rôle de geôlier, en accentuant, par des tracasseries odieuses, les rigoureuses consignes de surveillance qu'il avait reçues de son gouvernement.

Malgré les incessantes protestations des généraux Bertrand et Montholon, qui avaient résolu de partager avec leurs familles cette rigoureuse captivité, Napoléon, à qui l'on refusait d'autre titre que celui de général Bonaparte, fut confiné dans une enceinte de quelques milles, gardée par un régiment anglais.

---

1. Une petite esquisse à la gouache, conservée au Musée de l'Armée, représente ce curieux épisode. (E. d. 40 — salle Napoléon.)

Les détails pénibles et souvent poignants du séjour de Napoléon à l'île Sainte-Hélène et de ses derniers moments ont été donnés par les mémoires de ses familiers. Ils se trouvent résumés dans un volume récent [1]...

Au moment de mourir, Napoléon lança à ceux qui l'avaient persécuté cet anathème dont il prescrivit au général Bertrand de recueillir les termes :

« C'en est fait, docteur, le coup est porté, je touche à ma fin, je vais rendre mon cadavre à la terre. Approchez, Bertrand, traduisez à Monsieur ce que vous allez entendre : c'est une suite d'outrages dignes de la main qui me les prodigua ; rendez tout, n'omettez pas un mot :

« J'étais venu m'asseoir au foyer du peuple britannique ; je demandais une loyale hospitalité, et, contre tout ce qu'il y a de droits sur la terre, on me répondit par des fers. J'eusse reçu un autre accueil d'Alexandre ; l'Empereur François m'eût traité avec égard ; le roi de Prusse même eût été plus généreux. Mais, il appartenait à l'Angleterre de surprendre, d'entraîner les rois, et de donner au monde le spectacle inouï de quatre grandes Puissances s'acharnant sur un seul homme. C'est votre Ministère qui a choisi cet affreux rocher, où se consume en moins de trois années la vie des Européens, pour y achever la mienne par un assassinat.

« Et comment m'avez-vous traité depuis que je suis exilé sur cet écueil ? Il n'y a pas une indignité, pas une horreur dont vous ne vous soyez fait une joie de m'abreuver.

« Les plus simples communications de famille, celles même qu'on n'a jamais interdites à personne, vous me les avez refusées. Vous n'avez laissé arriver jusqu'à moi aucune nouvelle, aucun papier d'Europe ; ma femme, mon fils même, n'ont plus vécu pour moi ; vous m'avez tenu six ans dans la torture du secret. Dans cette île inhospitalière, vous m'avez donné pour demeure l'endroit le moins fait pour être habité ; celui où le climat meurtrier du tropique se fait le plus sentir. Il m'a fallu me renfermer entre quatre cloisons, dans un air malsain, moi qui parcourais à cheval toute l'Europe !

« Vous m'avez assassiné longuement en détail, avec préméditation, et l'infâme Hudson a été l'exécuteur des hautes œuvres de vos Ministres. ». . . . .

L'Empereur continua encore quelque temps avec une colère croissante, puis il s'arrêta épuisé.

Il mourut le 5 mai 1821. Il avait cinquante-deux ans.

1. *Sainte-Hélène, les derniers jours de l'Empereur*, par Paul Frémeaux, Paris, 1908

Les obsèques furent célébrées avec le cérémonial forcément restreint que permettaient les ressources de l'île. Le char funèbre fut improvisé avec le train d'une calèche dont l'Empereur s'était servi pour ses promenades[1].

Le gouverneur et la garnison anglaise y assistèrent, mais les honneurs souverains ne furent pas rendus[2].

Tandis que l'Empereur agonisait à Sainte-Hélène, une agonie d'un autre genre consumait, à Vienne, son fils qu'il avait eu l'illusion de proclamer son successeur sous le nom de Napoléon II, et qui n'était plus que le duc de Reichstadt, ayant rang après les archiducs d'Autriche.

Non seulement, on lui laissait tout ignorer de son père, mais l'Empereur d'Autriche s'opposa même à ce que lui fût remis le legs paternel d'armes et d'objets personnels dont le général Bertrand et Marchand avaient reçu la charge. Il mourut en 1832, à l'âge de vingt et un ans, n'ayant rien su de l'histoire de son père, ni des destinées auxquelles il devait être appelé.

Une légende, bien effacée, si on la compare à celle de l'Empereur, s'est formée autour de son nom. Les poètes ont essayé de la faire revivre en chantant l'*Aiglon*. Ils n'ont guère trouvé d'écho.

Quant à l'Impératrice Marie-Louise qui, avec son fils, avait été séparée de Napoléon depuis le départ pour l'île d'Elbe, c'est-à-dire depuis le jour de sa première abdication, elle se consola d'avoir perdu le trône qu'elle partageait avec l'homme le plus grand dont l'histoire ne se lassera pas de redire le nom.

Elle fut duchesse de Parme, de Plaisance et Guastalla, sous la garde du comte de Neipperg qu'elle épousa morganatiquement, et dont elle eut plusieurs enfants.

Elle mourut en 1847, ayant cinquante-six ans.

---

1. Voir page 41.
2. Un très curieux dessin, d'après nature, dont l'exactitude a été certifiée par le général Bertrand, en 1839, représente le cortège funèbre. — Philippe, d'après un dessin de Fielding, sous-off. anglais. Lithog., Bordeaux. — Un exemplaire est conservé au Musée de l'Armée, salle Napoléon. — F. d. 74.

PLANCHE XXIII

Le Grand Collier de la Légion d'Honneur.
Déposé dans le reliquaire de la Crypte.

PLANCHE XXIII

Grand Collier de la Légion d'Honneur.
Déposé dans le reliquaire de la Crypte.

NAPOLÉON INTIME

LES DÉCORATIONS

En tenue militaire, l'Empereur portait d'ordinaire le Grand cordon de la Légion d'honneur, la plaque de la Légion d'honneur, la croix de chevalier de la Légion d'honneur et celle de la Couronne de fer, qui étaient les insignes des ordres qu'il avait créés.

Dans les grandes cérémonies, il portait le collier du Grand maître de l'ordre de la Légion d'honneur [1].

Napoléon a créé trois ordres de décorations : l'ordre de la Légion d'honneur, l'ordre de la Couronne de fer et l'ordre de la Réunion. Un quatrième ordre resta à l'état de projet, celui des Trois Toisons d'or.

Deux de ces ordres créés en quelque sorte sous la poussée des événements et ne répondant qu'à des besoins momentanés, disparurent avec l'Empire. Seule, la Légion d'honneur a subsisté.

LÉGION D'HONNEUR

Établie sur des bases essentiellement républicaines et démocratiques, l'institution de la Légion d'honneur que sa devise : HONNEUR-PATRIE devait placer au-dessus des querelles de partis, s'imposa par son caractère national et par sa haute portée morale.

Napoléon aimait à en parler dans les dernières années de sa vie. Dans ses mémoires, il donne les raisons qui ont fait de cet ordre une institution si durable et si célèbre.

La diversité des ordres de chevalerie, dit-il, et leur spécialité de récompense consa-

---

[1]. Le Grand collier ainsi que le Grand cordon et la plaque de Grand croix portes par lui, ont été remis, en 1843, au Gouvernement français par le roi Joseph, pour être déposés près du Tombeau. Ces insignes sont conservés dans le reliquaire de la Cella, avec l'épée d'Austerlitz.

Le Grand collier, est un joyau d'une rare valeur comme travail d'orfèvrerie ; la composition des attributs des sciences, des arts, de l'industrie, etc., qui alternent avec les aigles impériales, la finesse des ciselures lui donnent un prix inestimable.

craient les castes, tandis que l'unique décoration de la Légion d'honneur, avec l'universalité de son application, était au contraire le type de l'égalité. C'était le centre commun, le moteur universel de toutes les ambitions diverses, le véhicule de tous les lustres, la récompense et l'aiguillon de tous les efforts généreux.

Les ordres de Chevalerie créés sous l'ancien régime avaient été abolis par l'Assemblée Nationale.

Le décret du 3o juillet 1791 supprimait à jamais « tout ordre, toute corporation, toute décoration, tout signe extérieur supposant des distinctions de naissance ». C'était là une des premières applications du grand principe d'égalité posé par la Révolution.

Mais, s'il était facile de décréter que désormais tous les Français étaient égaux devant la loi, on s'aperçut bientôt qu'il était impossible d'imposer cette égalité au courage et à la bravoure. Le souffle d'héroïsme qui, pendant près de quinze années, allait pousser nos armées aux quatre coins de l'Europe devait obliger bientôt le gouvernement à décerner des récompenses nationales « aux guerriers qui auraient rendu des services éclatants en combattant pour la République[1] ».

Ainsi donc, à peine les distinctions personnelles étaient-elles abolies qu'il fallait songer à les rétablir.

Pendant les guerres de la Révolution, on avait récompensé les soldats en leur donnant des gratifications ou en décrétant que telle armée, ou tel général avait bien mérité de la Patrie. L'argent n'avait satisfait personne. Il n'a rien d'honorifique et l'homme lui a toujours préféré la marque d'honneur qui le désignait à la considération et au respect de tous

Déjà Montaigne avait dit dans ses *Essais* :

« Il a esté tousiours cogneu que les gents de qualité avoient plus de jalousie de belles récompenses que de celles où il y avait du gaing et du proufit ».

Cette observation ne perdra jamais sa valeur, car, toujours, ce fut un hochet qui a le mieux payé le sang du soldat.

Quant au témoignage du « *Bien mérité de la Patrie* », il allait aussi devenir insuffisant. En le décernant à l'Armée d'Italie, le 27 thermidor an VI, le Directoire exécutif émettait le regret que les représentants du peuple « soient réduits à se servir de formules usées, mais qu'il est beau, ajoutaient-ils, d'avoir usé par la victoire ».

On institua alors les *armes d'honneur* ; mais, si le soldat portait avec fierté cette marque de sa bravoure, il se plaignait que cette distinction, conquise sur le champ de bataille, fût un attribut inséparable de l'uniforme et qu'il était obligé de quitter avec lui.

D'autre part, les savants, les artistes, les fonctionnaires civils, se voyaient, avec peine, exclus d'une récompense inaccessible pour eux, puisque exclusivement militaire, le Premier Consul se proposa de faire disparaître cette distinction en créant la Légion d'honneur, destinée à récompenser les services civils et militaires.

1. Constitution de l'an VIII. Dispositions générales, art. 87.

Institué par un décret du 19 mai 1802, l'ordre de la Légion d'honneur confondait toutes les vertus et tous les talents, récompensait à la fois le soldat et le général, le magistrat et le prêtre, l'homme de lettres et l'artiste célèbre ; il allait devenir un des plus puissants soutiens de l'Empire et créer un lien entre toutes les gloires groupées autour du trône pour le consolider et l'affermir.

La Légion d'honneur fut plus, en effet, qu'une simple récompense. Elle devint une institution nationale, qui, par sa diffusion dans toutes les classes de la Société, allait s'établir sur des bases inébranlables et se créer des racines profondes qui devaient lui permettre de résister aux révolutions et aux bouleversements politiques, qui, depuis cent ans, ont si souvent modifié le gouvernement de la France.

Ce n'est qu'en 1804 que l'ordre reçut une consécration solennelle.

Distribution des insignes de la Légion d'honneur aux Invalides.

Le 15 juillet 1804, tous les légionnaires qui se trouvaient à Paris, furent convoqués au Temple de Mars, aux Invalides.

Napoléon, Empereur depuis le 18 mai, allait recevoir leur serment et inaugurer solennellement la Légion d'honneur, à l'occasion de l'anniversaire de la prise de la Bastille. C'était la première institution politique consacrée par la religion, depuis la chute de l'ancien régime ; c'était aussi la première fois que l'Empereur se montrait dans l'appareil impérial.

La fête fut annoncée dès le matin par une salve d'artillerie.

A dix heures, après avoir défilé devant l'Empereur sur la place du Carroussel, les troupes de la garnison de Paris formèrent la haie depuis les Tuileries jusqu'aux Invalides.

Peu avant midi, l'Impératrice Joséphine, accompagnée des princesses et des personnes de sa suite, quittait le palais dans un carrosse traîné par huit chevaux et se rendait aux Invalides, où elle était reçue par le Gouverneur et par le Grand maître des cérémonies.

A midi, Napoléon, en costume des chasseurs de la garde, quittait à son tour le palais des Tuileries. Il était à cheval, précédé des Ministres et suivi des colonels généraux de la garde, des aides de camp et des grands officiers de la couronne.

Il fut reçu à la porte de l'Église par le cardinal-archevêque de Paris, puis conduit processionnellement sous le dais, jusqu'au trône élevé dans l'église.

Derrière lui, prirent place les colonels généraux de la garde, les grands officiers de la couronne, le maréchal Sérurier, Gouverneur des Invalides.

Les Grands Dignitaires occupaient des deux côtés, la seconde marche du trône ; les ministres étaient placés plus bas, à droite, les Maréchaux de l'Empire, à gauche.

Au pied du trône se tenaient le Grand Chancelier Lacépède et le Grand Trésorier de la Légion d'honneur Dejean.

Les aides de camp de l'Empereur étaient debout, échelonnés sur les degrés.

Dans la nef étaient groupés, sans distinction de grade, les nouveaux membres de la Légion d'honneur : officiers, soldats, savants, fonctionnaires de l'ordre civil. Derrière l'autel, sur un immense amphithéâtre, étaient réunis six cents invalides et deux cents élèves de l'École Polytechnique.

La messe fut célébrée par le cardinal Caprara, légat du pape. Après l'évangile, le Grand Chancelier exprima dans un discours « la reconnaissance que l'on devait au héros, dont le génie avait su, tout en conservant les principes de la Révolution, mettre fin aux maux qu'elle avait engendrés...

Il salua la nouvelle institution « comme le rempart le plus durable de l'égalité, présage le plus sûr des heureuses destinées de l'Empire ».

« Immense monument de gloire, disait-il, la Légion d'honneur montre toutes les professions honorées, toutes les affections réunies, tous les hauts faits couronnés, toutes les vertus, tous les talents offerts à l'admiration des siècles et, au faîte de ce monument impérissable, resplendissent ces mots désormais inséparables et si chers à tous les Français : — *Honneur, Patrie* et *Napoléon*, — à jamais la devise sacrée de la France et le gage de son éternelle prospérité. »

Puis, les Grands Officiers de l'Ordre de la Légion d'honneur prêtèrent le serment. Alors, l'Empereur se couvrit et prononça les paroles suivantes :

« **Commandants, officiers, légionnaires, citoyens et soldats, vous jurez sur votre honneur de vous dévouer au service de l'Empire et à la conservation de son territoire dans son intégrité ; à la défense de l'Empereur, des lois de la République et des propriétés qu'elles ont consacrées ; de combattre, par tous les moyens que la justice, la raison et les lois autorisent, toute entreprise qui tendrait à rétablir le régime féodal ; enfin, vous jurez de concourir de tout votre pouvoir au maintien de la Liberté et de l'Égalité, bases premières de nos institutions.** »

Tous les légionnaires debout répondirent : **Je le jure!** puis, les cris répétés de **Vive l'Empereur** remplirent le Dôme. L'enthousiasme ne connut plus de bornes.

La messe terminée, les étoiles de la Légion d'honneur furent déposées au pied du trône, dans des bassins d'or. Le Grand Maître des cérémonies, M. de Ségur, prit les décorations destinées à l'Empereur et les remit à M. de Talleyrand, Grand Chambellan. Celui-ci les présenta au prince Lucien, président du Sénat, qui les attacha à l'habit de l'Empereur, aux acclamations de toute l'assistance.

Les Grands Officiers, les commandants, les officiers et les légionnaires furent alors invités à s'approcher du trône pour recevoir des mains de Napoléon, les insignes que le Grand Maître des cérémonies lui présentait sur un plat d'or.

Un *Te Deum* termina cette fête religieuse et guerrière d'une imposante majesté.

Distribution des insignes de la Légion d'honneur au Camp de Boulogne.

Un mois plus tard, le 16 août, jour de la fête de l'Empereur, une cérémonie exclusivement militaire, plus imposante encore et rendue plus impressionnante par suite du voisinage de l'ennemi, eut lieu au camp de Boulogne où était concentrée l'armée destinée à un débarquement en Angleterre.

La cérémonie eut lieu à l'extrémité du camp de droite, entre la Tour d'ordre et Ambleteuse; le terrain forme un vaste cirque aux pentes légèrement inclinées vers la falaise, sorte d'amphithéâtre naturel.

Au centre, s'élevait un trône orné de trophées de drapeaux et d'attributs guerriers. Napoléon devait y prendre place, assis sur le fauteuil de Dagobert et entouré des ministres, des maréchaux de l'Empire, des colonels généraux, des conseillers d'État, des généraux, des fonctionnaires civils et religieux.

La garde impériale était placée derrière le trône. D'un côté, les musiques des régiments; de l'autre, deux mille tambours; aux extrémités se rangent le grand État-major de l'Armée et les États-majors des camps.

Soixante bataillons, dont les têtes occupent la demi-circonférence du cirque, se forment en vingt colonnes; derrière eux, vingt escadrons sont rangés en bataille, tandis qu'une foule immense accourue des environs couvre les hauteurs.

A midi, malgré un temps menaçant, suite d'une tempête qui, depuis quarante-huit heures, soufflait sur la côte, Napoléon, en costume de général de la garde, quitte la baraque de la Tour d'ordre. Son frère Joseph et une suite brillante l'accompagnent.

Lorsque l'Empereur paraît, le canon tonne, les tambours battent aux champs; dès qu'il a pris place sur le trône, l'armée s'ébranle, et ces soixante mille hommes comme mus par un même ressort, par une même pensée, serrent leurs rangs et s'avancent au pas de charge vers Celui qui, après avoir enflammé leur courage, a su trouver la récompense pour la conquête de laquelle ils sont prêts à donner tout leur sang.

Après une allocution du Grand Chancelier, les légionnaires de tous les grades et de toutes les armes suivis des drapeaux, se placent entre les têtes de colonne et le trône.

Les troupes présentent les armes, les deux mille tambours résonnent, tandis que le soleil perçant enfin les nuages, jette l'éclat de ses rayons sur les baïonnettes et semble entourer l'armée d'une auréole de gloire.

L'Empereur remit lui-même aux légionnaires les décorations qui lui étaient présentées dans les casques et les boucliers de Bayard et de Duguesclin.

Puis, l'armée défila, tandis qu'une flottille de cinquante voiles, avant-garde de la flotte, apparaissait à la pointe d'Alprech et échangeait une vive canonnade avec les vaisseaux de la croisière anglaise qui bientôt se retiraient.

L'émotion des événements proches venait s'ajouter à la solennité. Quels ne devaient pas être l'excitation, l'énervement, l'allégresse de cette armée en voyant les éléments eux-mêmes comme vaincus par la volonté de l'Empereur et favorisant ses projets.

Après ces spectacles grandioses, les esprits ne pouvaient résister à l'ascendant du génie, qui, en couronnant les talents, les mérites et les vertus, élevait à un si haut degré le culte de la Gloire.

ORDRE DE LA COURONNE DE FER

C'est à Milan, le 5 juin 1805, au lendemain de son couronnement comme roi d'Italie, que Napoléon fonda, sous le nom d'ordre de la Couronne de Fer, une nouvelle distinction pour :

« assurer par des témoignages d'honneur, une digne récompense aux services rendus à la Couronne, tant dans la carrière des armes que dans celle de l'administration, de la magistrature, des lettres et des arts. »

Cet ordre fut créé en souvenir de la Couronne des rois Lombards, qui est en or et tire son nom d'un cercle de fer qui l'entoure intérieurement et qui est, dit-on, forgé avec un des clous de la croix.

La couronne porte une inscription avec le nom d'Aguilulphe, duc de Turin, devenu roi des Lombards en 590 par son mariage avec Théodelinde. Conservée au monastère de Monza, près Milan, elle avait servi au couronnement de plusieurs empereurs et notamment de Charlemagne, de Frédéric IV et de Charles-Quint. Aussi Napoléon avait-il tenu à poser sur sa tête ce symbole de la souveraineté impériale en Italie.

Dio me la diede, guai a chi tocca (Dieu me l'a donnée, malheur à qui la touche), avait-il dit en se couronnant, et ces paroles devaient être désormais la devise de l'ordre.

Napoléon attachait une grande importance à la possession de la Couronne de Fer. Au début de la campagne de 1805, il écrit au Prince-Eugène, vice-roi d'Italie :

« Si vous y étiez contraint, vous vous ployeriez avec tous nos amis sur Alexandrie.

« Cependant mon intention est que vous restiez à Monza, arrangez-vous de manière à pouvoir toujours être le maître de la Couronne de Fer et à l'enlever sans qu'on s'en aperçoive. »

Le nouvel ordre fut, en Italie, ce qu'était la Légion d'honneur en France. Il comprenait trois classes : dignitaires, commandeurs et chevaliers.

La Plaque de la Légion d'Honneur.

Croix d'officier
de la Couronne de fer.

Croix d'officier
de l'Ordre de la Réunion.

Croix d'officier
de la Légion d'Honneur.

Plaque
de l'Ordre de la Réunion.

Plaque
de l'Ordre de la Couronne de fer.

Croix d'officier
de la Couronne de fer.

Croix d'officier
de l'Ordre de la Réunion.

La Plaque de la Légion d'Honneur.

Croix d'officier
de la Légion d'Honneur.

Plaque
de l'Ordre de la Réunion.

Plaque
de l'Ordre de la Couronne de fer.

Les rois d'Italie étaient déclarés Grands Maîtres de l'ordre, mais Napoléon en conservait sa vie durant le titre et les privilèges.

L'insigne était en or pour les deux premières classes, en argent pour la troisième; il consistait en une couronne à l'antique, ornée de douze pointes émaillées de bleu-gris. Le bandeau également d'émail d'or ou d'argent portait la devise de l'ordre : *Dio me la diede, guai a chi la tocca*. Au-dessus, l'aigle impériale aux ailes éployées.

Au milieu, de face, un petit médaillon d'or avec la tête couronnée de l'Empereur.

Les grands dignitaires portaient la décoration au cou par un ruban rose orange, bordé de vert. Les commandeurs l'attachaient à la boutonnière au côté gauche de la poitrine, par un ruban avec rosette. Les chevaliers, par un ruban sans rosette.

Lorsque, après les campagnes de 1813, la France perdit l'Italie et les départements français de la vallée supérieure du Pô, et de la Savoie, l'ordre de la Couronne de Fer disparut comme ordre impérial et royal français; il fut aboli définitivement en France par l'ordonnance du 28 juillet 1815.

Repris par l'empereur d'Autriche, François II, le 12 juin 1816, l'ordre de la Couronne de Fer existe encore de nos jours et l'aigle bicéphale a remplacé sur le bijou l'aigle française.

L'ORDRE IMPÉRIAL DE LA RÉUNION

Louis Napoléon, roi de Hollande, avait institué, le 12 décembre 1807, malgré l'opposition de l'Empereur, l'ordre de l'*Union de Hollande* « pour récompenser ceux de ses sujets qui se distinguaient dans toutes les classes et notamment pour les officiers des armées de terre et de mer ».

Lorsque, en 1810, la Hollande fut annexée à l'Empire, Napoléon supprima l'ordre de l'Union, comme il avait supprimé tous les ordres qu'il avait trouvés en Piémont, en Toscane, dans les États romains et dans les différents pays successivement réunis à l'Empire.

Pour remplacer ces ordres abolis, Napoléon créa l'**Ordre de la Réunion**, dont le nom devait rappeler le souvenir de l'annexion de la Hollande et de la réunion de l'Empire, des États romains, de la Toscane et des villes hanséatiques.

Le décret d'institution de l'ordre impérial de la Réunion fut signé au palais d'Amsterdam, le 18 octobre 1811.

« Nous avons voulu saisir l'occasion, lit-on dans le préambule, de faire reconnaître que les services rendus, selon l'ordre des devoirs publics au Souverain et à la Patrie dans les États qui, depuis, ont passé sous notre domination, conservent leur mérite à nos yeux, lors même qu'ils l'auraient été à notre préjudice.

« Dans ces vues, Nous avons senti l'utilité de créer un nouvel ordre et Nous y avons été déterminé d'une manière plus particulière, en considérant que l'extension de

Notre Empire a fait croître le nombre de ceux de Nos sujets qui se distinguaient dans l'exercice des fonctions judiciaires, dans l'administration et dans les armes, qu'ainsi les services de tous genres que Nous Nous plaisons à récompenser se sont multipliés au point que les limites de la Légion d'honneur ont déjà été dépassées et que Notre institution de l'ordre de la Toison d'Or ne peut y suppléer que d'une manière partielle, attendu qu'elle est spécialement destinée à récompenser les services militaires. »

L'Ordre de la Réunion était donc destiné à suppléer la Légion d'honneur.

Il ne paraît pas qu'il ait été très en faveur parmi les militaires qui le regardaient comme une décoration civile, dont le nom était « moins ronflant que celui de croix d'honneur ».

Le bijou est formé d'une étoile d'or à douze rayons, émaillés de blanc et séparés par trente flèches réunies par faisceaux de cinq et maintenues par un ruban portant les mots : *A jamais*.

Le médaillon central en or entouré d'un cercle d'émail bleu, portant la devise, *Tout pour l'Empire*, est timbré d'un trône dont le dossier, semé d'abeilles, est surmonté d'un aigle et dont le siège est recouvert d'un coussin supportant une couronne de laurier.

Les bras du trône sont soutenus par le lion néerlandais s'appuyant sur le faisceau des neuf flèches des provinces hollandaises et par le lion florentin tenant la fleur étrurienne.

La louve de Rome est couchée au pied du trône; de chaque côté, des tridents rappellent les villes maritimes de Gênes et de Hambourg.

Au revers, l'écusson porte la lettre N entourée d'une couronne de lauriers et d'un cercle d'émail bleu portant la devise : *A jamais*.

La croix est surmontée de la couronne impériale dont le bandeau émaillé bleu porte les mots : *Napoléon fondateur*.

Le ruban bleu de ciel était porté « attaché en baudrier » de droite à gauche, par les grands-croix qui avaient en même temps une plaque brodée sur le côté gauche de la poitrine. Les commandeurs portaient la décoration suspendue au cou et les chevaliers au côté gauche de la poitrine.

L'ordre de la Réunion fut aboli par l'ordonnance royale du 28 juillet 1815.

ORDRE DES TROIS TOISONS D'OR

L'Ordre des Trois Toisons d'or avait été créé par Napoléon, le 15 août 1809, à Schœnbrunn. Des états de propositions furent établis, mais les légionnaires s'émurent de l'apparition d'un ordre qui semblait devoir porter atteinte au prestige de la Légion d'honneur. L'Empereur abandonna ce projet; l'ordre devait disparaître avant d'avoir vécu.

PLANCHE XXVI

Le Glaive du Premier Consul.

L'Épée d'Austerlitz, déposée dans le reliquaire de la Crypte.

Planche XXV

Le Drapeau de l'Ile d'Elbe.

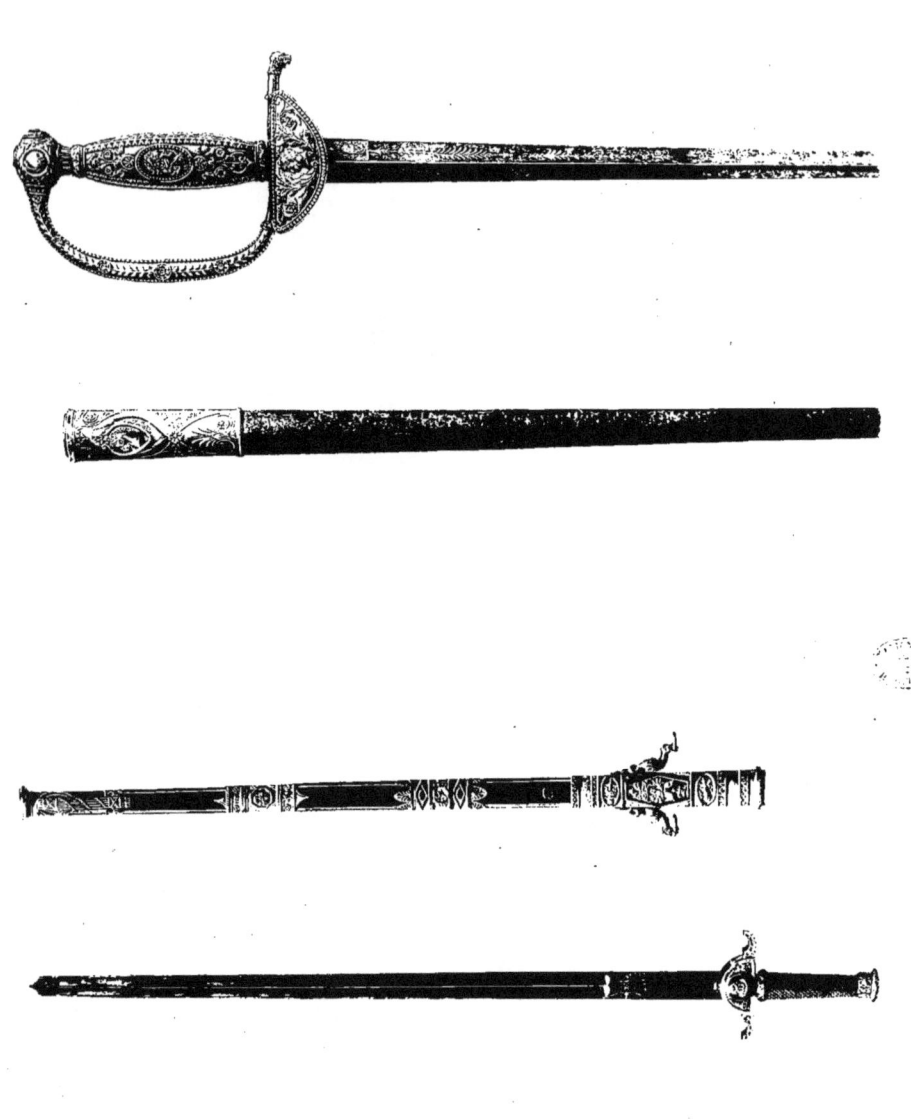

DRAPEAU. — ARMES. — ÉQUIPAGES DE L'EMPEREUR

DRAPEAU DE L'EMPEREUR A L'ILE D'ELBE

Lorsque Napoléon se rendit à l'île d'Elbe, il dut adopter des couleurs et un drapeau personnel. Il choisit l'écu des Médicis, anciens souverains de l'île : *d'argent barré de gueules*. Sur la barre, il fit placer trois abeilles d'or [1].

LES ARMES

Les Armes portées par l'Empereur sont les plus précieuses des reliques.

Par son testament, écrit de sa main à Sainte-Hélène, le 15 avril 1821, l'Empereur légua à son fils, « les boîtes, ordres, lits de camp, armes, argenterie, vases de la chapelle, linge ayant servi à son usage personnel ».

« Je désire que ce faible legs lui soit cher, comme lui retraçant le souvenir d'un père dont l'univers l'entretiendra. »

A la suite du testament se trouvait un état désignant :

« 1° Mes armes, savoir : mon épée, celle que je portais à Austerlitz, le sabre de Sobieski, mon poignard, mon glaive, mon couteau de chasse, mes deux paires de pistolets de Versailles.

« Mon nécessaire d'or, celui qui m'a servi le matin d'Ulm, d'Austerlitz, d'Iéna, d'Eylau, de Friedland, de l'île de Lobau, de la Moskowa, de Montmirail. — Sous ce point de vue, je désire qu'il soit précieux à mon fils.

« Je charge le comte Bertrand de soigner et conserver ces objets et de les remettre à mon fils quand il aura seize ans. »

Le fils de Napoléon n'a pas recueilli le legs de son père, le gouvernement autrichien s'étant opposé constamment à l'exécution de ce dernier vœu.

---

1. Ce pavillon — B. a. 82 — Salle Napoléon — a été donné au Musée en 1906, par sir Archibald Campbell, dans la famille duquel il était conservé.
On peut supposer qu'il a été rapporté par le major Campbell, commissaire Anglais chargé de la surveillance de l'Empereur, à l'île d'Elbe. C'est probablement pendant une absence de cet officier que l'Empereur quitta l'île pour rentrer en France. A son retour, le major Campbell n'aurait plus trouvé personne et aurait rapporté le pavillon.

Le Comte Bertrand conserva les armes et les remit, en 1840, au Gouvernement français, au moment du Retour des Cendres.

Avant de partir pour Sainte-Hélène, le Comte Bertrand fut reçu par le roi Louis-Philippe :

« Prêt à m'éloigner pour aller remplir un devoir pieux. Je remercie Votre Majesté de m'avoir associé au noble voyage de Sainte-Hélène.

« Ces armes du grand Napoléon que j'ai offertes à la Patrie, en lui demandant de réclamer les restes mortels de l'Empereur, ces armes à présent appartiennent à la France.

« ... Sire, rendant hommage à l'acte mémorable de justice nationale que vous avez généreusement entrepris, animé d'un sentiment de gratitude et de confiance, je viens déposer entre les mains de Votre Majesté ces armes glorieuses que depuis si longtemps j'étais réduit à dérober au jour, et que j'espère placer bientôt sur le cercueil du grand capitaine, sur l'illustre tombe destinée à fixer les regards de l'univers. »

Ces armes étaient :
L'épée que l'Empereur portait à Austerlitz ;
Un sabre ayant appartenu à Jean Sobieski ;
Deux paires de pistolets d'arçon d'un riche travail ;
L'épée en forme de glaive qu'il avait au champ de mai ;
Un poignard donné par le pape au Grand-Maître de l'ordre de Malte, Lavalette.

L'épée d'Austerlitz fut déposée sur le cercueil au moment du Retour des Cendres ; elle se trouve dans la Cella.

En 1852, les deux paires de pistolets, l'épée en forme de glaive, le poignard du Grand Maître de Malte qui étaient conservés au trésor de la Couronne furent transportés au Musée des Souverains.

Après 1870, lorsque le Musée des Souverains fut supprimé, les objets qu'il conservait furent dispersés.

Le sabre de Sobieski et les deux paires de pistolets de Versailles ont été attribués au Musée de l'Armée[1].

L'épée d'Austerlitz (planche XXVI), placée dans le reliquaire de la Cella, n'a rien de particulièrement remarquable comme forme ni comme travail d'art, mais Napoléon la portait d'ordinaire. Comme souvenir de sa vie militaire, elle est donc d'une valeur inestimable.

La poignée, légère, de forme moderne, est entièrement en métal doré et ciselé. Une tête d'Alexandre est gravée sur la poignée ; le quillon se termine par une tête de lion.

---

1. Le glaive est actuellement au Musée des Arts décoratifs ; le poignard, au Musée du Louvre ; el nécessaire de campagne est au Musée Carnavalet.

Planche XXVII

Pistolet dit de Versailles.

Pistolet dit de Versailles.

Pistolet dit de Waterloo.

PLANCHE XXVII

Pistolet dit de Versailles.

Pistolet dit de Versailles.

Pistolet dit de Waterloo.

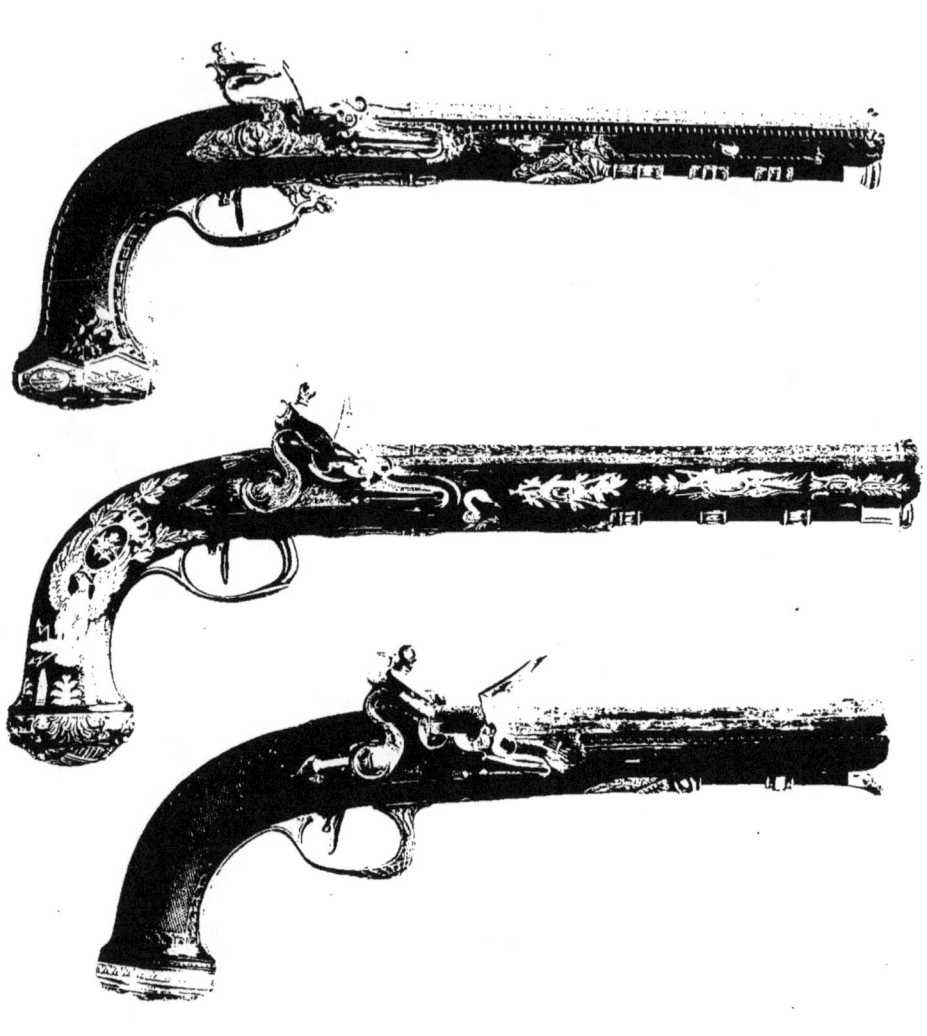

Le nom : *Biennais, orfèvre du Ier Consul*, est gravé, sur le quillon.

La lame triangulaire, longue de 0^m,86, est damasquinée;

L'Empereur y fit graver en lettres dorées : *Épée que l'Empereur portait à Austerlitz*.

Sabre de Sobieski. — C. a. 107. — Salle Turenne [1]. — Cette arme avait appartenu à Étienne Battori (1532-1586) qui fut élu roi de Pologne en 1575, après Henri de Valois. Elle appartint plus tard à Jean Sobieski [2] (1624-1696), roi de Pologne sous le nom de Jean III en 1674. Grand homme de guerre; il conduisit contre les Turcs plusieurs campagnes remarquables; il délivra Vienne, assiégée par Kara Mustapha en 1684.

Lame droite, de la fin du xvie siècle. Sur la lame, en damas, est incrusté assez grossièrement « *Stephanus Battoreus rex Poloniae, A. D. 1575* ». Près du talon, en incrustation d'or, une figure semblable à celle qui se trouve sur le sabre courbe d'Étienne Battori, qui est datée : 1559, et conservée au Musée de l'Armée, *Salle Richelieu*.

La poignée est de la fin du xviie siècle. Branche à angle droit sur le quillon.

Toute la poignée est en or émaillé bleu et blanc avec perles. Sur l'écusson : d'un côté, la tête de Mars, de l'autre, celle de Minerve.

Le fourreau en chagrin noir est monté dans le même style.

On peut supposer que la lame est de l'époque de Stéphane Battori et qu'elle a été adaptée postérieurement, du temps de Sobieski, à une poignée du xviie siècle.

Deux paires de pistolets, dits Pistolets de Versailles. — C. a. 19 et C. a. 19'. — Salle Turenne. — Ainsi décrits au catalogue :

Canons lisses, longueur 0^m,42, garnis en argent et ornés d'incrustations d'or.

Dans l'une des paires (C. a. 19), les canons sont brunis et étoilés d'or, bois sculptés.

Dans l'autre (C. a. 19'), les canons sont, presque en entier, recouverts d'incrustations d'or, composant des lignes de trophées, entrecoupées par des grecques. Les bois sont richement décorés par des figures d'animaux chimériques, affrontés sur les deux côtés des crosses et disposés en d'autres places.

Quelques détails d'ornementation sont répétés sur les deux paires. Ce sont : une tête de Romulus, l'aigle impérial posé sur un trophée d'armes, une petite figure de génie en ronde bosse; sur la pièce de sous-garde, un héros en costume antique, ayant un foudre

---

1. Ces indications sont celles du catalogue du Musée de l'Armée.
2. Le sabre avait appartenu ensuite à Stanislas II, Auguste Poniatowski, dernier roi de Pologne, dont le neveu servit dans la Grande-Armée et fut nommé Maréchal de France sur le champ de bataille, à Leipzig (16 oct. 1813); ne voulant pas se rendre, il périt glorieusement, deux jours après, en se jetant dans l'Elster, laissant de grands regrets dans l'armée.

Ce sabre a été parfois désigné dans les catalogues sous le nom de Sabre de Poniatowski.

On peut supposer que c'est des mains de celui-ci que le sabre de Sobieski passa dans celles de l'Empereur qui tint à conserver ce double souvenir, de Sobieski considéré par lui comme d'un des plus grands généraux du siècle précédent et du prince Poniatowski qu'il affectionnait particulièrement.

dans la main droite et soutenant de la gauche une statuette de la Victoire. Sur le pommeau de la crosse une tête de Minerve casquée.

Ces armes sont de la plus grande valeur, en dehors des souvenirs qui s'y rattachent, cataloguées au Musée des Souverains, 175 à 178.

Le Musée de l'Armée conserve en outre :

Une paire de pistolets ayant appartenu à l'Empereur.

Une paire de pistolets, trouvée dans les voitures de l'Empereur, après la bataille de Waterloo.

Le sabre de Mourad Bey, chef des Mameluks.

Une lame de sabre.

Un glaive de Consul, qui a appartenu à Bonaparte.

Une carabine du Premier Consul.

Une carabine de voyage, fabriquée par l'arquebusier Le Page.

Six fusils de chasse, ayant appartenu à l'Empereur et marqués à son chiffre.

Un sabre arabe.

Paire de pistolets, avec boîte et accessoires. — C. a. 20. — Salle Turenne. — Don du colonel de Lichtenstein.

Canons lisses à huit pans, brunis, semés d'étoiles d'or et décorés d'ornements en or. Bois incrusté d'argent. Sur la crosse, aigle sous un médaillon encadrant la Légion d'honneur, surmontée de la couronne impériale de chaque côté.

Au dos du fût, l'aigle impérial sur un faisceau de drapeaux, sur le pontet la figure d'Hercule; calotte en argent ciselé en relief, platine à silex; signé Boutet, Versailles.

Paire de pistolets, dits de Waterloo. — C. a. 20 bis. — Salle Turenne. — Trouvés dans les fourgons de Napoléon Iᵉʳ après la bataille de Waterloo. — Don de M. le Major anglais Blood.

Canon à rayures très fines, légèrement renflé à la bouche.

Garnitures en argent. Bois en noyer sculpté et quadrillé à la poignée.

La calotte est ornée de l'aigle impérial.

La platine porte l'inscription gravée : Fréconnet Roule, à Saint-Étienne.

Sabre de Mourad-Bey, chef des Mamelucks (1799). — C. a. 108. — Salle Turenne. — Remis en signe de soumission au général Bonaparte, qui le donna à son aide de camp Lavalette. — Don de Mᵗᵉ Dodu.

Lame de sabre. — C. a. 17. — Salle Turenne. — Trouvée dans les fourgons de Napoléon Iᵉʳ après la bataille de Malo-Iaroslavetz en 1812, portant l'inscription : « Au grand Napoléon Iᵉʳ, empereur des Français et roi d'Italie. »

Glaive porté par le Premier Consul. — C. a. 11. — Salle Turenne.

Lame à quatre gorges d'évidement. Vers le talon, deux faisceaux de licteurs ciselés et dorés sur fond noir. Monture en argent massif. Poignée en quadrillé très fin. Fourreau recouvert d'écaille avec riche garniture en argent ciselé.

Carabine du premier Consul. — C. a. 10. — Salle Turenne.

A batterie, se chargeant par la culasse et signée « Le Page, à Paris ». Canon rayé, vissé au tonnerre par une clef indépendante à 6 pans et sur laquelle on lit « *Carabine du Premier Consul* ». Lorsqu'il a été dévissé, le canon se rabat sur une charnière fixée à une tige qui coulisse dans deux douilles placées sous le tonnerre. Bois simple, en noyer légèrement sculpté à la naissance de la joue ; tonnerre, platine, contre-platine, pontet et plaque de couche finement gravés. Le motif principal de la platine représente un chien en arrêt sur une perdrix.

Offerte, en 1860, par Charles-Édouard Long (anglais) à Napoléon III, qui la transmit au Musée des Souverains où elle fut cataloguée, n° 197.

Six fusils de chasse. — Salle Richelieu. — Donnés au Musée des Souverains par l'empereur Napoléon III.

Ces armes sont à silex et sortent de la manufacture de Versailles dont elles portent la marque. Elles sont ornées d'incrustations d'argent ; la lettre N, initiale du nom de Napoléon, surmontée d'une couronne, se voit sur le côté de la crosse ; des abeilles sont mêlées aux ornements distribués sur quelques parties.

Une carabine de voyage. — Salle Richelieu.

Fabriquée par Le Page et donnée par la baronne Bro de Comeres, sa fille.

Sabre arabe. — C. a. 12. — Salle Turenne. — Donné au Musée des Souverains par l'empereur Napoléon III, n° 174.

La lame, longue de 1 mètre, porte d'un côté une inscription en caractères arabes inhabilement tracés et de l'autre les signes maçonniques, l'œil et l'équerre. Le sens de l'inscription est : « *Tu anéantiras tes ennemis et tu protégeras les musulmans.* » Les lettres, de même que les signes maçonniques et quelques ornements d'un goût européen, et qui ont été exécutés au dix-septième siècle, sont gravés sur l'acier, incrustés d'or ou dorés en plein.

Poignée et fourreau, très ornés de ciselures d'or et d'argent doré. Cette œuvre d'orfèvrerie, très compliquée, a été faite à l'intention de Napoléon victorieux ; elle porte aussi le portrait en buste de Napoléon, premier Consul. Elle est surchargée de personnages mythologiques mêlés à des personnages en costume moderne civil ou militaire avec des allégories de toutes natures et les lettres R. P. F. (République française).

Sur le fourreau, est gravée l'inscription : « A Fillberg forbiseur (*sic*) de la cour à Stockholm. »

LES ÉQUIPAGES DE CAMPAGNE

L'Empereur apportait le soin le plus méticuleux aux prescriptions du service des officiers attachés à sa personne, au service de ses escortes, de sa domesticité et à l'organisation de ses équipages de campagne. Un règlement de janvier 1812 donne à ce sujet les indications les plus intéressantes.

L'Empereur avait l'habitude de tout régler par sa volonté, aussi bien les graves questions desquelles dépendait le maintien des rois sur leurs trônes, la police de son vaste Empire, les mouvements des armées, la préparation des batailles, que les plus minimes détails d'équipement, de remonte, de charrois, jusqu'à la composition de ses cantines de cuisine et des valises personnelles que devaient emporter ses pages et ses valets de chambre.

« Dépensez le double, écrivait-il, le 14 janvier 1812, au Grand Maréchal du Palais, mais faites une chose commode, forte et légère. »

Ses équipages comprenaient :

A. — Un service léger, exclusivement composé de chevaux de selle et de mulets; 76 chevaux et mulets; quatre mulets portaient 4 tentes légères, deux portaient 2 lits de campagne.

B. — Un service d'expédition, comprenant les voitures légères et les bagages légers : 26 voitures et 160 chevaux, dont une voiture de course pour lui, 3 calèches d'officiers, etc...

« Le service d'expédition portera toutes les tentes nécessaires pour camper de manière à avoir un beau camp avec tous les meubles nécessaires et à y être bien. »

C. — Les gros bagages, comprenant 24 voitures attelées par 240 chevaux dont une berline pour lui, 2 berlines de suite, etc...

Soit au total : 50 voitures et 500 chevaux ou mulets.

D. — En outre, il était formé 10 brigades de 13 chevaux de selle, soit... 130 chevaux; dans chacune d'elles, il y avait pour lui 2 chevaux de bataille et 1 cheval d'allure.

Une paire de pistolets faisait partie de l'équipement de tous les chevaux de selle qui étaient réservés à l'Empereur; ces pistolets étaient chargés et déchargés tous les soirs avec

---

1. Règlement sur l'organisation des équipages de l'Empereur, fait au début de l'année 1812. (Arch. historique du Ministère de la Guerre.)

Lit de campagne.

Fauteuil de campagne.   Tabouret de campagne.

Lit de campagne.

Fauteuil de campagne.   Tabouret de campagne.

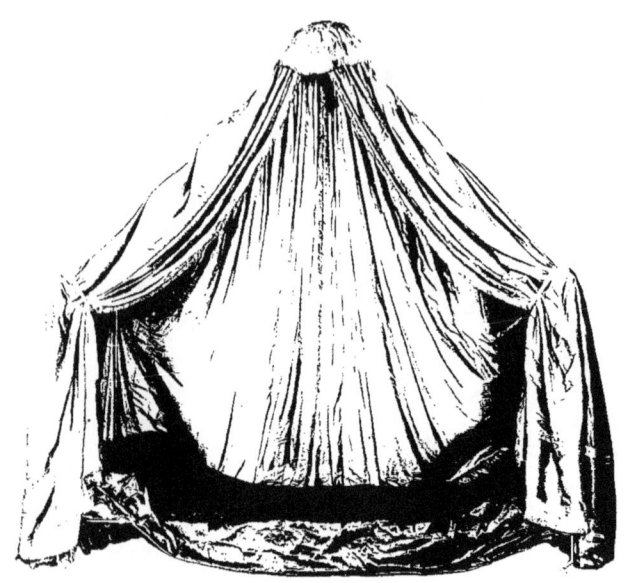

le tire-bourre, par le mameluck de service, sous l'inspection du grand écuyer ou, en son absence, de l'écuyer de service.

Toutes les voitures étaient garnies d'armes à feu.

Les équipages des généraux commandant les corps d'armée ou même les divisions étaient organisés sur le même pied.

On était loin de la simplicité républicaine du début.

Le camp impérial occupait un rectangle de 200 mètres sur 400 mètres. Il était gardé par un bataillon de la garde, de service. L'escorte était fournie par un piquet et par un escadron de service.

Le piquet et une brigade de chevaux de selle avaient constamment leurs chevaux sellés et bridés; l'escadron d'escorte avait ses chevaux toujours sellés.

Le camp impérial comprenait la tente de l'Empereur et sept autres tentes pour les officiers ou le service.

La tente de l'Empereur comprenait une chambre, un cabinet et deux salons où couchaient l'aide de camp général et les officiers d'ordonnance de service.

Le camp du major général et de ses officiers était indépendant du camp impérial, et placé à quelque distance.

L'Empereur se préoccupait surtout des vivres.

« Les vivres sont le principal… Je désire que, dans le service léger, il y ait toujours de quoi donner des vivres à ma maison que je suppose devoir être de 400 personnes… » Il faut « quatre jours de vivres à mon équipage léger, quatre jours à mon équipage d'expédition, quatre jours aux gros bagages; cela fera douze jours de vivres, ce qui ne laisse pas d'être un objet important. »

Il prescrit de supprimer une partie de la batterie de cuisine et de l'argenterie pour augmenter la quantité de vin et de pain[1].

« Je fais mettre dans le règlement que chaque officier doit avoir son pain. Tout homme à la guerre qui est à cheval, n'est pas excusable de n'avoir pas son pain ou son biscuit dans sa poche. »

« Je trouve, en général, qu'il y a bien peu de pain : 60 livres par cantine; c'est-à-dire 360 livres pour les six cantines, tandis que j'aurais 72 casseroles, 6 marmites, 6 grils, 6 poëles; tout cela est fort inutile. »

« … Une cantine sera toujours chargée et prête à suivre l'escadron de service; l'aide de camp de service veillera à ce que, tous les soirs, elle soit bien pourvue. »

« Une marmite sera constamment au feu, de manière qu'à quelque heure du jour et de la nuit, l'Empereur et sa maison militaire puissent avoir une soupe. »

Le Musée de l'Armée conserve deux des lits de campagne de l'Empereur, un fauteuil pliant et un tabouret pliant de campagne.

Lit de campagne de Napoléon. — C. a. 28. — Salle Napoléon. — Provient des Musées nationaux, 1891.

Il peut se plier dans la longueur et dans la largeur et porte la marque de fabrique Desouches. Il est conforme à la description suivante que donne le baron Fain, secrétaire de l'Empereur, dans ses Mémoires (inédits) :

« Les toiles, les petits meubles, le lit de fer, les matelas, tout se repliait, s'enveloppait dans des rouleaux de cuir et, porté à dos le mulet, suivait les mouvements du premier service. Il y avait un équipage semblable au second service, et, je crois, un troisième en réserve avec les gros bagages.

« La membrure du petit lit de fer était d'environ six pieds de long sur trois de large et quatre de haut ; elle se composait de baguettes d'acier très légères qui s'ajustaient l'une sur l'autre avec une grande précision et qu'on démontait avec beaucoup de facilité. On les glissait dans deux fourreaux de cuir qui s'allongeaient de chaque côté du mulet et, sur le bât, on plaçait les deux matelas et les rideaux bien roulés dans un sac de cuir. Tel était l'équipage du mulet de lit...

« La seconde pièce de la tente servait de chambre à coucher ; on y dressait le petit lit de fer à fond sanglé ; des rideaux de soie d'un gros vert l'enveloppaient comme une grande barcelonnette... »

Sous les rideaux du lit, ont été placés les objets de lingerie ci-dessous désignés :

Robe de chambre de Napoléon Ier. — C. a. 84. — Salle Napoléon. — En piqué blanc, portée à Sainte-Hélène ; rapportée par la comtesse de Montholon et donnée par elle à son cousin M. Fornier-Montcazals, qui en a fait don, en 1841, à son ami, M. Auguste Larrey. — Don de Mlle Dodu.

Cinq chemises, deux culottes, trois cravates, deux chaussons, deux draps. — C. a. 38. — Salle Napoléon. — Légués à M. Biron par Mme Thayer, fille du général Bertrand.

Lit de campagne de Napoléon[1]. — C. a. 27. — Réserve. — Provenant de la succession de Mme Thayer (Hortense-Eugénie), fille du général Bertrand, ancien Maréchal du Palais de l'Empereur Napoléon Ier avec qui elle se trouvait à Sainte-Hélène. — Don, en 1903, de M. le marquis de Biron, légataire de Mme Thayer, sa cousine.

L'authenticité de ce lit est attestée par l'inventaire, après décès de Mme Thayer, fait le

---

1. Mme la princesse Murat possède un lit de fer, provenant des objets rapportés de Sainte-Hélène par Marchand et remis par lui à Mme Mère. Ce serait le lit sur lequel est mort l'Empereur (?).
A la mort de Mme Mère, en 1836, les objets ayant appartenu à l'Empereur furent partagés entre ses héritiers. Le lit revint à la reine Caroline Murat.
Le 28 juin 1911, a été vendu à la Salle des Ventes, Hôtel Drouot à Paris, avec des objets divers, en vertu d'un jugement du tribunal de commerce de Châteauroux, un lit ainsi désigné : « Lit de camp pliant en fer et ses accessoires. — « Ce lit aurait appartenu à Napoléon Ier et serait celui sur lequel il est mort à Sainte-Hélène, ou celui sur lequel il fut exposé après sa mort. »
« Le général comte Bertrand l'aurait rapporté de Sainte-Hélène en son château de Laleuf, près Châteauroux, et serait également mort dans ce lit.
« Il fut donné par les héritiers du comte Bertrand à M. Péron, son ancien régisseur, qui, forcé par la nécessité, le céda à M. Guillemin, banquier à Châteauroux, le 22 août 1892. »
Ce lit a été adjugé pour 1.250 francs et offert par l'acquéreur au Musée de la Malmaison. C'est probablement un des nombreux lits de campagne, qui ont appartenu à l'Empereur.
Il est sans intérêt d'en discuter l'authenticité.

PLANCHE XXIX

La Selle.

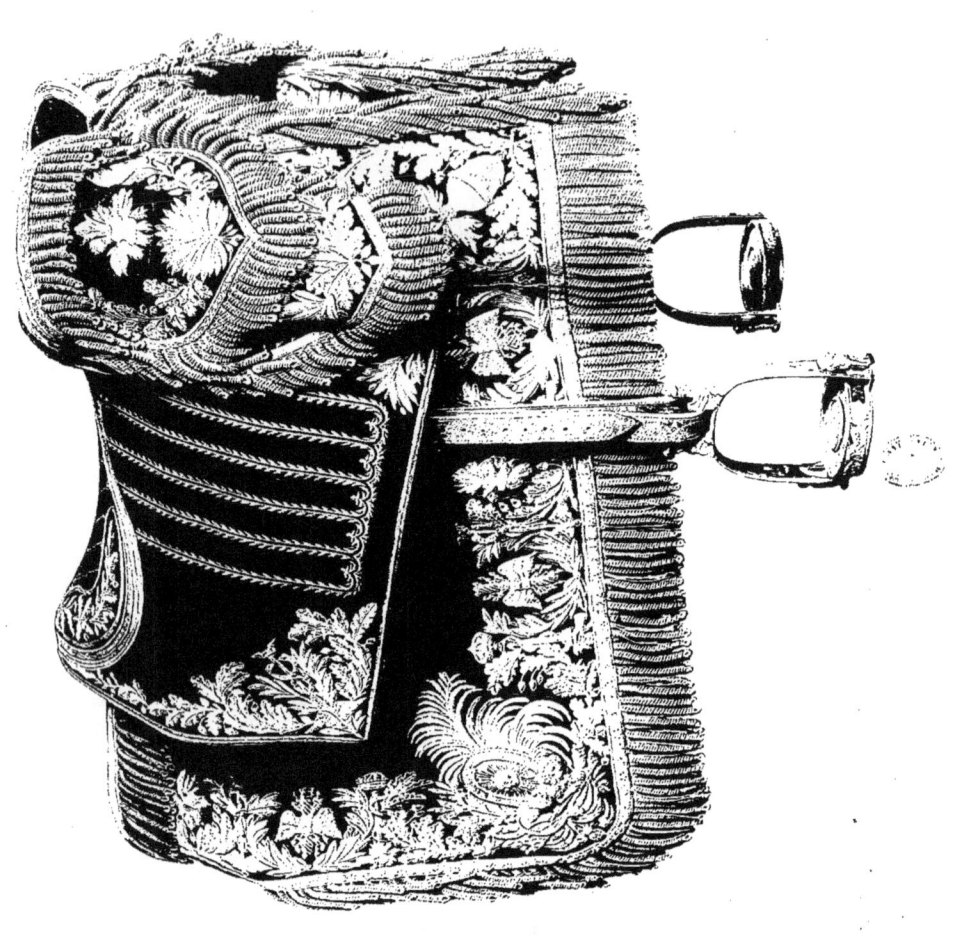

10 mars 1890 par Mᵉ Plicque, notaire à Paris, 25, rue-Croix-des-Petits-Champs; il indique :
« un lit de fer qui a servi à l'Empereur à Sainte-Hélène jusqu'à ses derniers moments ».

« Lit en acier monté sur six roulettes, se pliant par le milieu avec quatre genouillères brisées, quatre têtes en cuivre vissées aux quatre coins; fond mobile en toile rayée blanc et bleu avec neuf cordons cousus sur sangles bises et brunes; le fond tient au lit par huit crochets de chaque côté de la longueur et quatre crochets à chacun des quatre coins; au centre un contre-fort en acier.

« Le lit porte au milieu et de chaque côté deux fois le nom de Desouches avec couronne impériale gravée dans l'acier. Longueur 1ᵐ,88; largeur 0ᵐ,92.

Un fauteuil pliant. — C. a. 29. — Salle Napoléon. — Ayant fait partie du matériel de campagne de Napoléon Iᵉʳ. — Couvert en cuir rouge avec étui en cuir noir, plaque de cuivre, portant la suscription : Mobilier de la couronne.

Un tabouret de campagne. — C. a. 30. — Salle Napoléon. — Ayant fait partie du matériel de campagne de Napoléon Iᵉʳ, couvert en cuir rouge, avec étui en cuir noir; plaque en cuivre portant la suscription : Mobilier de la couronne. — Offert à l'Empereur Napoléon III, en 1853, par Mᵐᵉ la comtesse de Castagny, qui en avait hérité de son père M. Schulmeister. Porté au catalogue du Musée des Souverains sous le n° 361.

Deux longues-vues de campagne. — C. a. 24 et C. a. 25. — Salle Napoléon. — Dont une construite par la maison Bapst, dans une boîte en cuir rouge. — Don de M. Germain Bapst.

Un petit bureau de voyage de l'Empereur. — C. a. 32. — Salle Napoléon.

Il est de bois d'acajou et orné de cuivres disposés en bandes... Ouvert, il forme un pupitre pour écrire; garni de drap vert, avec des compartiments intérieurs.

Laissé dans l'appartement de l'Empereur lorsqu'il quitta, en 1809, le château de Schœnbrunn, il avait été recueilli par M. de Ricell, gouverneur du château et donné par lui à son petit-fils M. d'Obenaus Falsuhazy qui l'offrit à l'Empereur Napoléon III, provient du Musée des Souverains, 359 *bis*.

Portefeuille de voyage de Napoléon Iᵉʳ. — C. a. 31. — Salle Napoléon.

De maroquin rouge orné de vignettes dorées. La lettre B, initiale de Bonaparte gravée sur la partie supérieure du fermoir qui est d'argent doré ainsi que les coins.

Légué par M. Cart Balthazar, en 1865, au Musée des Souverains, n° 359.

Une boîte formant bibliothèque de voyage. — C. a. n° 32'. — Salle Napoléon. — Don de Mᵐᵉ de la Pérouse, petite-fille du baron Fain.

Le Musée de l'Armée conserve :

Une selle de l'Empereur. — C. a. 21. — Salle Napoléon. — Provenant du Musée des Souverains où elle était classée sous le n° 207 et ainsi décrite :

« Selle, housse et garnitures des fontes en velours cramoisi, richement brodé d'or et d'argent : tiges de chêne, d'olivier. Sur les étriers de cuivre doré — C. a. 22 — sont des aigles et des lions ciselés en ronde bosse.

Éperon d'argent. — C. a. 23. — Salle Napoléon. — Sur les branches, est gravé à l'extérieur :

« L'Empereur Napoléon, campagnes de 1812, 1813, 1814, 1815, Sainte-Hélène », et, à l'intérieur : « Le baron E. de Las Cases à J. B. Lonsada Sum. Esqr. — Provient du Musée des Souverains, n° 208.

Cravache de Waterloo. — C. a. 35. — Salle Napoléon. — Portée par l'Empereur pendant la journée de Waterloo. Recueillie sur le champ de bataille par le capitaine Regnaud de Saint-Jean-d'Angely, beau-père du donateur, M. Davillier Regnaud de St-Jean-d'Angely.

Le Musée de l'Armée conserve un des chevaux favoris de l'Empereur.

Vizir. — C. a. 41. — Salle Napoléon. — Cheval arabe, donné par le sultan vers 1805, mort en 1826, porte sur la cuisse gauche la lettre N, surmontée de la couronne impériale, robe fleur de pêcher presque blanc, à tous crins, taille : 1^m,35.

L'authenticité de ce souvenir est établie par la lettre ci-dessous, signée D.-W. Clarke, adressée à John Greaves Esq. Weam Hall Manchester, le 23 juillet 1839, dont voici la traduction :

Sir : La précieuse relique que j'ai l'honneur de vous offrir est la peau du célèbre cheval arabe *Vizir*, le cheval d'armes favori de Napoléon, auquel il avait été envoyé en présent par le grand sultan de Turquie, au moment où Bonaparte formait le projet d'envahir l'Angleterre.

Pendant la campagne de Russie, le cheval resta en France où il fut confié aux soins d'un certain M. de Chaulaire, jusqu'au retour de l'Empereur; il fut alors remis à son illustre maître et resta avec lui jusqu'à la fin de la guerre. A ce moment, sur le désir manifesté par l'Empereur, le cheval fut renvoyé à M. de Chaulaire, et ce gentleman le conserva jusqu'à sa mort. M. de Chaulaire le fit alors empailler et il écrivit l'histoire de ce cheval extraordinaire dont je vous envoie quelques extraits. Cela se passait en 1826. Peu après M. de Chaulaire fut obligé de quitter la France pour raisons politiques, et ses biens furent confisqués. J'habitais alors Boulogne et je me rendis acquéreur de cette précieuse relique que j'emportai en Angleterre, avec l'intention d'en faire présent au British Museum, mais j'ai, depuis lors, changé d'avis et je préfère vous l'offrir.

Les Français étaient si attachés à ce cheval parce qu'il avait appartenu à l'Empereur, que j'eus beaucoup de difficultés à le faire sortir de France, mais j'y parvins pourtant, avec l'aide du consul d'Angleterre, qui me conseilla de faire enlever le rembourrage de mon cheval empaillé, car les douanes anglaises de Douvres ne le laisseraient pas passer sans cela.

Ce cheval était aussi très cher au Sultan, car en lui faisant ses adieux, le Sultan prononça les paroles suivantes : « Mon cher *Vizir*, je vais te perdre pour toujours. Va, va pour Mahomet, va pour ton Sultan, va pour être le cheval le plus illustre du grand Napoléon. »

J'ai connu ce cheval de son vivant; il était de race arabe pure. Sa taille était d'environ (14 1/2 *hands*) ce qui est très estimé chez les Arabes, ce qui lui donne une haute généalogie.

J'ai l'honneur d'être, Sir, votre très obéissant et humble serviteur.

Un chien. — C. a. 40. — Salle Napoléon. — Chien de Napoléon à l'île d'Elbe. — Ce chien appartenait à Mme la Vicomtesse Léon de la Ferrière, qui l'avait reçu de Mme Bertrand et en a fait don au Musée de l'Armée.

LES EFFETS

L'Empereur portait ordinairement l'uniforme des chasseurs de la Garde en drap vert, avec parements et retroussis rouge et le petit chapeau traditionnel. C'est dans cet uniforme qu'il a été enseveli.

Les jours d'apparat, il prenait l'uniforme des Grenadiers de la Garde.

L'Empereur portait ordinairement une redingote, forme manteau, devenue légendaire sous le nom de la *Redingote grise*.

Le Musée de l'Armée conserve une de ces redingotes.

Redingote grise. — C. a. 16. — Salle Turenne. — Donnée par l'Empereur Napoléon III au Musée des Souverains, n° 220.

Habit de Marengo. — C. a. 14. — Salle Turenne. — Donné au Musée des Souverains, n° 219, par le comte de Turenne qui avait été chambellan de l'Empereur.

L'Empereur avait ordonné, à plusieurs reprises, que les généraux de cavalerie portassent le casque et la cuirasse; il commanda même ces armures pour lui, et pour le maréchal Berthier, mais ils ne les portèrent jamais [1].

Le roi Jérôme se fit faire également un casque et une cuirasse dont le Musée a une photographie; ces armes appartiennent maintenant à S. A. I. le général Louis-Napoléon.

Les chapeaux portés par l'Empereur sont fort nombreux (il est à supposer qu'en outre, il en a été fabriqué un grand nombre). Ceux conservés au Musée de l'Armée et ayant un caractère incontestable d'authenticité sont :

Le chapeau d'Eylau, que l'Empereur portait à la bataille d'Eylau. Ce chapeau est placé dans la Cella [2].

Le chapeau de la campagne de 1814. — C. a. 34. — Salle Turenne. — Donné au Musée des Souverains, n° 221, par l'Empereur Napoléon III.

Un chapeau. — C. a. 15. — Salle Napoléon. — Musée des Souverains, n° 222, donné par M. Pierron, maître d'hôtel de l'Empereur à Sainte-Hélène. Il paraît être un de ceux portés par l'Empereur à Sainte-Hélène.

---

1. L'Empereur en fit cadeau au maréchal Berthier; le prince de Wagram, petit-fils du Maréchal, les possède encore. Ces deux casques et ces deux cuirasses figurèrent, en 1895, à l'exposition historique et militaire de la Révolution et de l'Empire. (N° 213 du catalogue. — Préface de M. Germain Bapst.)
2. Confié au peintre Gros pour faire un portrait de l'Empereur, il fut conservé par lui. En 1835, à la mort de Gros, il fut acheté, en vente publique, par le Dr Delacroix, au prix de 2.047 francs et remis par lui au roi Louis-Philippe, lors du Retour des Cendres.

SOUVENIRS PERSONNELS

Après la mort de l'Empereur, les moindres souvenirs, particulièrement ceux de Sainte-Hélène, furent ardemment recherchés; bien des personnes y attachent toujours un grand prix.

Le Musée de l'Armée s'est borné à recueillir et à conserver les objets qui lui ont été offerts :

Ce sont ces objets, dont parle Montaigne, « que nous savons avoir été maniés et possédés par les personnes desquelles la mémoire est en recommandation... et dont la vue nous émeut particulièrement plus que d'entendre le récit de leurs faits... »

A voir la foule des visiteurs qui, toujours, se pressent autour d'eux, l'indiscrétion avec laquelle quelques-uns s'efforcent de dérober une parcelle, un minime éclat de bois, une bribe quelconque, on ne saurait méconnaître que ces objets ne soient doués d'une mystérieuse puissance évocatrice.

« Ce diable d'homme! », a dit le comte Molé, « il grandit tout ce qu'il touche ».

Et, de fait, quand on parle de lui, les moindres particularités de sa vie, les plus petits détails prennent une proportion démesurée.

Chateaubriand, qui cherchait en vain à se dégager de l'étreinte, a écrit :

« Après avoir subi le despotisme de sa personne, il nous faut subir le despotisme de sa mémoire, plus dominateur que le premier... Le monde appartient à Bonaparte. Quel personnage peut intéresser en dehors de lui? De qui et de quoi peut-il être question après un pareil homme? »

L'intérêt, une sorte de fétichisme, qui s'attachent à ces souvenirs, proviennent d'un sentiment de vénération, de piété ou simplement de curiosité. Sans chercher à analyser, ni à approfondir ce sentiment, l'histoire ne peut dédaigner de le constater; son devoir est d'en noter les manifestations. Ce sont de petits faits, sans doute, mais ils marquent la limite imprécise où commence la légende.

Ainsi, les fidèles de la mémoire de l'Empereur, ayant, à plusieurs reprises, déposé de grandes couronnes de violettes artificielles, près des pierres de la

PLANCHE XXXI

tombe de Sainte-Hélène, reconstituée à l'église des Invalides, les visiteurs arrachent, pour les conserver, ces petits bouquets dont bientôt il ne reste plus rien. Il a fallu renoncer à remplacer ces couronnes.

Une grande dame hongroise envoyait, de son côté, en 1909, une superbe couronne en fleurs naturelles, d'un prix fort élevé.

Une modeste jeune fille hongroise écrivait, en janvier 1911, une lettre si touchante dans sa sincérité qu'en donner la traduction est le meilleur moyen de faire comprendre quelle impression le nom de Napoléon a laissé dans le cœur des plus humbles.

« Nagysagas, 8 janvier 1911.

« Je suis une jeune fille pourvue d'un modeste emploi de l'État et j'ai terminé, l'an dernier, la 4e classe de l'école.

« Pendant mon séjour à l'école, j'ai toujours appris l'histoire avec grand intérêt, et, parmi ses grands personnages, j'étais particulièrement enthousiasmée pour Napoléon.

« Et comme j'admire Napoléon à un tel point que toutes mes pensées sont pleines de sa gloire, je vous prie, Monsieur le Directeur honoré, pour peu que ce soit possible, de m'envoyer un fragment d'un effet de Napoléon, de ceux qui sont conservés comme reliques, ne serait-ce même seulement qu'un éclat de bois, un morceau de cuir d'une valise... De cette manière, je pourrai m'imaginer que sa figure aimée est toujours autour de moi.

Et comme, pour satisfaire à son désir, il lui avait été envoyé quelques très menus objets et des cartes postales, elle remerciait avec la plus vive effusion :

« Il m'est impossible de décrire le plaisir et le bonheur que votre gracieuse Seigneurie m'a procurés par son envoi... J'ai reçu un cadeau qui vaut une fortune... Je ne puis que vous remercier de m'avoir mise à même de vivre à côté des reliques du grand Empereur Napoléon, ce que je désirais ardemment depuis si longtemps... »

Il faut nous borner à une sèche nomenclature des objets familiers conservés dans les vitrines de la salle Napoléon.

L'authenticité de la plupart de ces objets est prouvée; pour quelques-uns, il peut subsister quelque doute, mais il n'a pas paru que le caractère d'incertitude fût assez accentué pour qu'ils dussent être écartés de l'ensemble des collections, nous ne signalons ici que les plus importants parmi ceux dont l'origine ne saurait être contestée :

Mouchoir de Napoléon Ier. — C. a. 85. — Salle Napoléon. — En soie blanche marqué du chiffre N couronné.

Offert au Musée d'artillerie en 1892, par M. Dig, petit-neveu de M. Pierron. Ce mouchoir paraît être celui marqué au catalogue du Musée des Souverains, n° 404, avec la note ci-dessous du 20 janvier 1853, adressée au Directeur du Musée, par M. Pierron[1].

Sonnette à l'effigie de Napoléon Ier. — C. a. n° 37. — Salle Napoléon.

Cette sonnette, qui a appartenu à Napoléon, avait été donnée au capitaine Soufflot par Mme Pochet de Tinan qui la tenait de son grand-père le maréchal Exelmans, lequel l'avait reçue des mains de l'Empereur lui-même, bien avant l'exil à Sainte-Hélène.

Lorgnette de gousset. — C. a. 26. — Salle Napoléon. — Ayant appartenu à Napoléon Ier, en cornaline taillée, montée sur or. — Don de M. Costes[2].

Biscaïen. — C. a. 18. — Salle Napoléon. — Qui a blessé Napoléon à Ratisbonne, 1809.

Recueilli sur le champ de bataille par le capitaine Lameau, ingénieur archiviste du bureau topographique à la suite de l'Empereur et remis par lui à Mme Gérard, sa nièce, grand'mère des donatrices : Mlles Libourg et Gérard.

Cheveux de Napoléon Ier.

a. Mèche renfermée dans un médaillon en bronze doré. Vient de Mlle Avrillon, femme de chambre de l'Impératrice Joséphine. Coupés le 8 septembre 1806. — Don de Mme Léopoldine Fauvelle. — C. a. n° 43.

b. Donnés par le valet de chambre du prince de Neuchâtel le jour même qu'ils furent coupés, le 26 février 1814. Rapportés par M. de Villiers du Terrage qui avait fait toute la campagne de France en qualité d'ingénieur mobilisé. — Don de M. de Villiers du Terrage. — C. a. n° 44.

c. Recueillis à Sainte-Hélène; légués par Mme Thayer, fille du général Bertrand au donateur M. le Marquis de Biron. — C. a. n° 45.

d. Coupés à Sainte-Hélène; cadre en bois doré contenant quelques cheveux sur un médaillon en satin blanc avec cette inscription : *Cheveux de Napoléon coupés à Sainte-Hélène, donnés au Colonel Chapuis par le Général Bertrand.* — C. a. n° 46.

---

1. « J'ai eu l'honneur d'appartenir à l'empereur Napoléon Ier comme maître d'hôtel, attaché à sa personne jusqu'à ses derniers moments et au nombre de celles qui y ont assisté; j'ai recueilli, sur le lit mortuaire, un mouchoir (marqué au chiffre impérial) dont il venait de se servir. Cette précieuse relique, conservée par moi dans le même état et que je voulais garder jusqu'à ma mort, je viens vous l'offrir aujourd'hui, pour la réunir aux précieux souvenirs que vous avez déjà dans votre Musée. »

2. « J'offre une petite lorgnette de gousset ayant appartenu à Napoléon.

« Ce bijou a été donné de la main à la main par l'Empereur à Mme Pellaprat, femme du receveur général à Lyon. Mme Pellaprat, en possession de souvenirs plus importants de même origine, a fait don de cet objet à mon père, son cousin germain, il y a plus de soixante-dix ans, à notre connaissance. Car, depuis ce temps, moi et les miens avons toujours eu en notre possession cette relique dont nous pouvons assurer l'authenticité. Ch. Costes, 5 octobre 1887. »

La table et les chaises de Bonaparte, Lieutenant d'artillerie.

Le banc et le fauteuil de Sainte-Hélène.

La table et les chaises de Bonaparte, lieutenant d'artillerie.

Le banc et le fauteuil de Sainte-Hélène.

Banc favori de Napoléon à Sainte-Hélène. — C. a. 79. — Salle Napoléon. — Bois peint en vert, à claire-voie et dont il avait fait enlever un barreau pour y passer son bras. Plaques de cuivre avec des inscriptions en anglais qui sont ainsi traduites :

Rapporté par M. Peregrine Maitland, amiral de la station de « Sainte-Hélène » et offert par lui à la reine Adélaïde d'Angleterre qui le déposa au Royal Colosseum de Londres. Présenté avec un profond respect à S. M. Napoléon III par l'acheteur du Colosseum Estats R. P. Maillard P. I., en novembre 1868. — Provient du Musée des Souverains, n° 367 *bis*.

Flûte. — C. a. 89. — Salle Napoléon. — Provenant de l'habitation de Napoléon. — Don du marquis de Biron[1].

Boîte à thé. — C. a. 87. — Salle Napoléon. — Laquée, de petites dimensions, $0^m,10 \times 0^m,07$ provenant de l'habitation de Napoléon Ier à Sainte-Hélène. — Don du marquis de Biron.

Canne de l'Empereur. — C. a. 82. — Salle Napoléon. — Cette canne est celle dont l'Empereur se servait à Longwood ; elle est faite d'un bambou à quatre divisions. Elle a perdu son pommeau. Offerte à l'Empereur Napoléon III par le colonel Barnes, ex-major de la ville de Sainte-Hélène ; provient du Musée des Souverains, n° 367 *ter*.

Obélisque. — C. a. 86. — Salle Napoléon. — Provenant de l'habitation de Napoléon Ier à Sainte-Hélène. — Réduction au 1/40 de l'obélisque de Caracalla, érigé à Rome. — Don du marquis de Biron.

Table à jeu. — C. a. 83. — Salle Napoléon. — Provenant de Longwood [2].

Elle est de bois d'acajou et se plie sur le milieu. Les cases d'un damier et les divisions d'un tric-trac sont incrustées sur le plateau de la table, dont une des parties est mobile et peut former un pupitre. Provient du Musée des Souverains, n° 367.

Fauteuil. — C. a. 80. — Salle Napoléon. — Ayant servi à Napoléon Ier à Sainte-Hélène — Siège et dossier cannés. — Don de M. Germain Bapst.

Volume. — C. a. 81 — Salle Napoléon. — Ayant appartenu à la bibliothèque de Napoléon à Sainte-Hélène : *Précis des événements militaires, par le comte Mathieu Dumas*.

Porte au faux-titre une mention de la main de Marchand, valet de chambre de Napoléon. Au titre, le cachet de Sainte-Hélène, et, le long des marges, des annotations de la main de l'Empereur. — Don de M. Germain Bapst. — C. a. n° 81.

---

[1]. Les objets donnés par le marquis de Biron proviennent de Mme Thayer, fille du général Bertrand.
[2]. A été donnée à l'Empereur Napoléon III par M. Boisselier, chancelier du Consulat général de France à Sainte-Hélène.
Cette table avait été remise à M. Boisselier, par M. Nath. Salomon membre du Conseil de Sainte-Hélène qui la tenait de Mme Mason; celle-ci l'avait reçue de son père, M. Beale, payeur au service de la Cie des Indes orientales. M. Beale, l'avait acquise à la vente du mobilier de M. Cole, directeur de la poste à Sainte-Hélène, qui l'avait achetée à la vente du mobilier de l'Empereur.

Tabatière en métal. — C. a. 39. — Salle Napoléon. — Ayant appartenu à Napoléon. — En bronze, avec ornements d'argent, ayant la forme d'un cercueil $0^m,10 \times 0^m,04$ environ, portant l'inscription : *Pense à ta fin, elle est près de toi*[1].

Sous une vitrine de la Salle Napoléon sont conservés :

Un moulage de la tête de Napoléon pris après sa mort à Sainte-Hélène, par le docteur Antommarchi. — D. f. 2. — Salle Napoléon.

Un deuxième exemplaire du même moulage est placé à la chapelle Napoléon dans l'Église.

Un moulage de la main prise sur son lit de mort. — D. f. 4.

Les renseignements manquent sur l'origine de ce moulage qui est un don de Mlle Dodu, légataire du baron Larrey.

Meubles du logement de lieutenant d'artillerie Bonaparte à Auxonne. — C. a. 3. — Salle Napoléon. — Une table et deux chaises. — Don du lieutenant Montillard, 21ᵉ de ligne.

1. D'après des renseignements traditionnels communiqués par le donateur, cette tabatière aurait été apportée de Rome à Sainte-Hélène par l'abbé Vignali et remise à Napoléon de la part du cardinal Fesch. L'Empereur l'aurait donnée au général Bertrand qui l'aurait donnée lui-même à M. Deshayes, lequel habita Chauny (Aisne), où il mourut. M. Deshayes la considérait comme une relique précieuse et la transmit à M. Détriaux pour être déposée dans un Musée. — Don de M. Détriaux.

LES AUTOGRAPHES

Les autographes sont les plus personnels des Souvenirs.

L'écriture, qui est la manifestation matérielle la plus exacte que puisse prendre la pensée humaine, donne des indications sur le caractère, l'esprit, les passions des hommes.

Napoléon s'est fait connaître de tant de manières, dans des circonstances si différentes, qu'il serait superflu de recourir à ce genre d'information. Cependant, il n'est pas sans intérêt de comparer des spécimens de son écriture aux différentes époques de sa carrière.

Le Musée de l'Armée en conserve quelques spécimens.

Spécimen n° 1. — C. a. 7. — Salle Turenne.

Note de service écrite par Bonaparte, commandant l'artillerie, au siège de Toulon, entre le 1er vendémiaire et le 30 brumaire, an II.

Au général Carteaux,
L'on travaille au chemin, mais les hommes sont fatigués. Veuillez, général, nous envoyer 400 hommes pour travailler le plus tôt possible.
Le Commandant de l'artillerie,
BUONAPARTE.

Le libellé de cette note, sous sa forme presque autoritaire et dont la rédaction n'est pas celle habituelle des communications de service entre un subordonné et un supérieur, ne révèle-t-il pas la mentalité d'un officier plus disposé à donner des ordres qu'à en recevoir.

Spécimen n° 2. — C. a. 78. — Salle Napoléon.

Monsieur Mollien, j'ai reçu votre lettre. J'ai nommé M. Labouillerie Payeur général de la marine comme vous le désirez. Sur ce je prie Dieu qu'il vous ait en sa sainte garde. A Osterode, 29 mars 1807.

Le comte Mollien, qui fut ministre du trésor de 1806 à 1814 et pendant les Cent Jours, envoyait, en 1846, cet autographe au comte de Kératry en l'accompagnant de la lettre suivante :

« Monsieur de Kératry a voulu que je le misse en possession d'une des lettres de l'homme extraordinaire qui a tant agité le monde dans les quatorze premières années de ce siècle.
« Parmi les lettres impériales, qui me restent et qui, par centaines, mettent en mouvement, par millions, *sans dire pourquoi*, les hommes et les fonds publics, j'ai dû préférer pour Monsieur de Kératry, celle où Napoléon se réduisait volontairement à une simple et bonne action. C'était là, en effet, que, pour ceux qui l'ont beaucoup vu, il était surtout extraordinaire... »

Cette lettre du comte Mollien est le meilleur commentaire que l'on puisse donner, à la fois de l'homme et de sa façon d'écrire.

Le style des quelques mots tracés par Napoléon n'a cependant pas le caractère de

PLANCHE XXXIII

Autographe.

Fac-similé du brouillon de la lettre écrite par
Napoléon au Prince régent d'Angleterre, 14 juillet 1815.

Recherches anatomiques, histologiques et embryologiques sur l'appareil digestif des Bryozoaires ectoproctes (marins).

en butte aux factions qui divisent mon pays et à l'inimitié des plus grandes puissances
de l'Europe j'ai terminé ma carrière politique et je viens comme Thémistocle
m'asseoir sur le foyer du peuple britannique. Je me mets sous la protection de
ses lois que je réclame de V.A.R. comme celle du plus puissant du plus constant et du plus généreux
de mes ennemis.

Brouillon, écrit en entier de la main de l'Empereur Napoléon, de la lettre qu'il m'envoya porter de l'île d'Aix au Prince Régent d'Angleterre le quatorze de juillet de l'année mil huit cent quinze —— Île de Ste hélène. 1818. ——

Le Général d'artillerie, Aide de Camp de l'Empereur

Le Baron Gourgaud

Fac-simile du brouillon de la [illegible] Ier.
au Prince régent d'Angleterre, à l'île d'Aix, [illegible] 1815.

Don de M. C. [illegible]

simplicité de la « bonne action », comme le dit M. Mollien. C'est bien l'Empereur qui, dans quelques lignes brèves, accorde ce qui lui est demandé, mais c'est l'Empereur qui condescend et qui ne se départ pas de cette Majesté froide, dont il entendait, à cette époque de sa vie, entourer ses actes les plus ordinaires ou les plus bienveillants.

Spécimen n° 3. — I. 140. — Salle Turenne.

Une seule signature, mais combien caractéristique, apposée, le 1ᵉʳ avril 1809, sur une nomination de Comte de l'Empire au général Vandamme, commandant en chef le premier corps d'armée de réserve.

Spécimen n° 4. — C. a. 76. — Salle Napoléon.

Voir le fac-similé, planche XXXII.

Ce n'est pas même un brouillon de lettre, c'est la griffe du lion mortellement blessé, qui déchire le papier en traits illisibles que ses familiers ont déchiffrés ainsi :

En butte aux factions qui divisent mon pays et à l'inimitié des plus grandes Puissances de l'Europe, j'ai terminé ma carrière politique et je viens, comme Thémistocle, m'asseoir sur le foyer du peuple britannique, je me mets sous la protection de ses lois que je réclame de V. A. R. comme du plus puissant, du plus constant et du plus généreux de mes ennemis.

Spécimen n° 5. — C. a. 78. — Salle Napoléon.

Trois lignes :

gone out   aller dehors
opened   ouverte
to sée   voire regarder.

M. le comte de Las Cases envoyait cet autographe à M. de Kératry, le 18 octobre 1837, avec le billet ci-dessous :

« ... Monsieur de Kératry trouvera l'envoi tant soit peu exigu, mais ces précieux caractères deviennent très rares ; ceux-ci sont tirés des leçons d'anglais de Napoléon et conséquemment de sa belle écriture... »

A Sainte-Hélène, Napoléon s'efforçait d'apprendre l'anglais, il prenait *des leçons* ou faisait *des devoirs* d'écolier.

A rapprocher cette écriture appliquée : de la note de service militaire, d'allure décidée du commandant de l'artillerie du siège de Toulon, au début de sa carrière; de la lettre au comte Mollien et de la signature au paragraphe d'aigle du brevet de Comte de l'Empire, lorsque l'Empereur était à l'apogée de sa puissance. Trois époques dont le contraste est étonnamment caractéristique.

LA LÉGENDE DE NAPOLÉON

Les documents de la Légende napoléonienne sont représentés par les œuvres des poètes, des écrivains, des artistes, graveurs, sculpteurs, statuaires.

Ils consistent en :

La collection des médailles;
L'œuvre des peintres et statuaires;
L'œuvre des poètes et des écrivains.

I

LA LÉGENDE DE NAPOLÉON. — LES MÉDAILLES

La numismatique napoléonienne est excessivement riche. Les événements considérables, militaires, politiques et sociaux qui, de 1796 à 1815, se succédèrent sans interruption, donnèrent naissance à une série remarquable de médailles destinées à les commémorer.

Même après l'Empire, on continua à frapper clandestinement des médailles à la gloire de Napoléon. Sous le règne de Louis-Philippe, l'érection de la statue sur la colonne de la Grande Armée et le Retour des Cendres furent interprétés par de nombreux graveurs.

L'idée de perpétuer par des pièces de métal le souvenir des hauts faits historiques et les personnages illustres remonte à l'antiquité.

Les effigies des monnaies rappellent les noms des Empereurs et des rois; elles donnent les dates de leurs règnes et des événements contemporains; elles constituent, en quelque sorte, les archives officielles de l'histoire.

Au xve siècle, la monnaie perd ce caractère commémoratif. Les types deviennent uniformes et ne sont en général modifiés qu'aux changements de régime. Alors, apparaît la médaille frappée spécialement comme monument commémoratif.

En France, les premières médailles remontent à l'époque de Charles VII; elles furent frappées pour perpétuer le souvenir de l'expulsion des Anglais.

Sous le règne de Louis XIV, une pléiade d'habiles graveurs, célèbre, sur des médailles, les événements heureux qui glorifient le Grand Roi.

Sans aucune valeur artistique pendant la période révolutionnaire, la numismatique se relève, peu à peu, sous le Consulat et sous l'Empire.

Grâce à la protection accordée par Bonaparte, puis, plus tard, par Napoléon aux arts de toute nature et sous son impulsion, on voit une véritable renaissance de la numismatique.

Sous l'habile direction de Denon, directeur des Musées nationaux, de nombreux graveurs travaillèrent à fixer pour la Postérité le souvenir des événements glorieux et des institutions de cette époque.

Pendant une première période, qui s'étend de 1796 à 1802, les médailles, quoique déjà bien supérieures à celles frappées antérieurement, n'ont pas encore le degré de perfection qu'elles atteindront sous l'Empire.

Mais, à partir de 1804, par la beauté de leurs sujets, tirés de l'antiquité, la meilleure école de l'art, par le fini du dessin et par le soin apporté à la frappe, les médailles se classent parmi les plus belles manifestations artistiques de l'époque.

Les profils de Napoléon par Droz et Andrieu, sont de toute beauté et sont devenus classiques.

La série des pièces de 41 millimètres, dont ces effigies ornent l'avers, permet de suivre, pas à pas, toute l'histoire politique et militaire de l'Empire, depuis le couronnement jusqu'à l'abdication.

On peut estimer à environ 600 le nombre des médailles frappées de 1796 à 1815, tant à la Monnaie de Paris qu'à celle de Milan, où, sous la direction de Cattaneo, de très belles pièces furent exécutées d'après les cartons du célèbre peintre Appiani.

DESCRIPTION DE QUELQUES MÉDAILLES

Dans la collection très riche que possède le Musée de l'Armée, on a choisi quelques types parmi les plus intéressants. (Voir planche XXXIV.)

N° 1. — **Bataille de Millesimo. — Combat de Dego, 14-15 avril 1796.**

Hercule terrassant l'hydre de Lerne; à terre, à droite, la torche avec laquelle le héros brûle les têtes du monstre.

Le revers porte l'inscription :

Le peuple français à l'armée d'Italie. — Loi du 6 floréal an 4ᵉ de la Rép.

N° 2. — **Bonaparte général en chef.** (Avers de la médaille n° 1).

N° 3. — **Passage du Tagliamento — Prise de Trieste.**

Le Tagliamento, sous la figure d'un vieillard couché dans des roseaux et s'appuyant sur une urne, regarde avec épouvante la défaite des Autrichiens poursuivis par l'armée française qui traverse le fleuve.

Gravé par *Lavy*.

Le revers porte l'inscription :

A l'Armée d'Italie. — Loi du 15 germinal an 5ᵉ de la Rép.

N° 4. — **Bataille de Castiglione. — Combat de Peschiera.**

Un guerrier nu combat seul contre deux ennemis; il a terrassé un de ses adversaires que l'on voit étendu à ses pieds; l'autre dont il arrête le bras et qu'il va frapper implore sa clémence.

Gravé par *Lavy*.

Le revers porte, dans le champ, deux trompettes en sautoir passées dans une couronne de laurier et placées entre les deux inscriptions :

A l'armée d'Italie. — Loi du 27 thermidor an 4ᵉ Rép.

N° 5. — **Bonaparte Premier Consul de la Rép. franç. — Bataille de Marengo, 25 et 26 prairial an 8.**

Le revers porte l'inscription :

Le Premier Consul commandant l'armée de réserve en personne :
« *Enfants, rappelez-vous que mon habitude est de coucher sur le champ de bataille.* »

Ces paroles furent prononcées par le Premier Consul sur le champ de bataille de Marengo au moment où après avoir arrêté vers six heures du soir un mouvement de retraite, il parcourait les rangs de ses soldats et leur donnait l'ordre de marcher en avant.

Gravé par *Brenet*.

1. Les gravures de *Lavy* sont faites d'après les dessins du peintre milanais *Appiani*.

N° 6. — **Reddition de Mantoue.**

Une femme tourellée, représentant la ville de Mantoue, remet les clefs à un guerrier en costume romain. Au fond un pont conduisant à la ville.

Gravé par *Lavy*.

Au revers, entre une couronne de laurier et un foudre, l'inscription :

A l'Armée d'Italie victorieuse. — Loi du 24 pluviôse an 5ᵉ Rep.

Sur la tranche : *Bonaparte général en chef.*

N° 7. — **Bataille des Pyramides.**

L'avers porte le buste de Bonaparte, n° 2.

Sur le revers, Bonaparte, à cheval harangue ses soldats :

« *Soldats, du haut de ces Pyramides, 40 siècles nous contemplent.* »
Napoléon en Égypte, 25 juillet 1798.

Frappée vers 1840; gravée par *Bovy*.

N° 8. — **Conquête de la Basse Égypte, an VII.**

Le sujet qui orne la face de cette médaille est une copie d'une ancienne statue du Vatican. Il représente le Nil appuyé sur un sphynx entouré de ses affluents et tenant dans les mains des épis et une corne d'abondance.

Le revers porte une vue des Pyramides de Ghizey.

Gravé par *Brenet* sous la direction de *Denon*.

N° 9. — **Passage du Saint-Bernard. — Bataille de Marengo.**

La Victoire tenant une palme et conduisant deux chevaux au galop, franchit les Alpes sur un canon placé sur un traîneau.

Gravé par *Dubois* sous la direction de *Denon*.

*L'armée française passe
le Saint-Bernard.*
XXVIII *floréal an* VIII — M.D.C.C.C.

Au revers, douze clefs suspendues à un anneau, symbolisent les forteresses qui se son rendues à l'armée française après la bataille de Marengo : Tortone, Alexandrie, Milan, Turin, Pizzighetone, Ancône, Piacenza, Coni, Ceva, Savone, Gênes, Fort-Urbin.

Bataille de Marengo; en exergue : XXV *prairial an* VIII — M.D.C.C.C.

N° 10. — **Napoléon emp. et roi.**

Cette tête gravée par *Droz*, sous la direction de *Denon*, 1806, ou celle gravée par *Andrieu*, ornent la face de la plupart des médailles de la série dite de 41 millimètres, et dont quelques types sont représentés dans la planche II.

N° 11. — **L'Empereur commande la Grande armée.**

Sur l'avers, la tête de Napoléon par *Droz*.

Sur le revers, un aigle quitte le trône impérial sur lequel est placé le manteau et la main de justice. Au-dessus un foudre.

A la partie inférieure, en exergue, l'inscription :

Levée du camp de Boulogne,
le XXIV *août* M.D.C.C.V
Passage du Rhin, le XXV *septembre* M.D.C.C.V

Gravé par *Brenet*, sous la direction de *Denon*.

N° 12. — **Capitulation d'Ulm.**

L'Empereur, en costume romain, conduisant un char traîné par deux chevaux au galop, est couronné par la Victoire.

Sous les chevaux, deux petites figures de femmes agenouillées dans une attitude suppliante, représentent les villes d'Ulm et de Memmingen.

Sur l'avers, la tête de Napoléon par *Droz*.

En exergue :

XVII *octobre* M.D.C.C.V.
Capitulation d'Ulm, de Memmingen : LX mille prisonniers.

Gravé par *Ialey*, sous la direction de *Denon*.

N° 13. — **Prise d'Inspruck.**

Sur l'avers, tête de Napoléon par *Andrieu*.

Sur le revers, Napoléon, en costume romain, tient dans la main droite une statue de la Victoire et dans la main gauche une enseigne romaine surmontée de la figure de Jupiter.

Sur l'enseigne, les lettres R. F.

Les Autrichiens vaincus. — Les drapeaux français repris.
Inspruck, le XVI *brumaire an* XIV — M.D.C.C.V.

Gravé par *Brenet*, sous la direction de *Denon*.

N° 14. — **Prise de Vienne et de Presbourg, M.D.C.C.C.V.**

Vienne et Presbourg, représentées par deux femmes tourellées à genou, déposent leurs clefs aux pieds de Napoléon, représenté en Hercule.

Sur l'avers, tête de Napoléon par *Andrieu*.

Gravé par *Gallé*, sous la direction de *Denon*.

N° 15. — **Bataille d'Iéna, M.D.C.C.C.VI.**

Napoléon sous les traits de Jupiter, porté par un aigle au milieu des nuages, lance ses foudres contre les géants qui veulent tenter l'invasion du ciel.

Sur l'avers, tête de Napoléon par *Andrieu*.

Gravé par *Gallé*, sous la direction de *Denon*.

N° 16. — **Bataille de Friedland, XIV juin M.D.C.C.C.VII.**

Napoléon, en héros grec, ayant à ses pieds les corps de ses ennemis vaincus, remet son glaive au fourreau.

Dans le champ, à droite, un olivier, symbole de paix.

A gauche, la torche de la Discorde, renversée.

Sur l'avers, tête de Napoléon par *Andrieu*.

Gravé par *Gallé*.

N° 17. — **Bataille de Wagram, VII juillet M.D.C.C.C.IX.**

Hercule arrache la Victoire aux mains d'un géant qu'il frappe de sa massue.

Sur l'avers, tête de Napoléon par *Andrieu*.

Gravé par *Gallé*, sous la direction de *Denon*.

N° 18. — **Bataille de la Moskowa, 7 septembre 1812.**

Hercule marchant sur les corps de ses ennemis vaincus, frappe de sa massue deux géants encore debout qui s'apprêtent à fuir. — Au-dessus aigle essorante, tenant un foudre.

Sur l'avers, tête de Napoléon par *Droz*.

Gravé par *Droz*, 0^m,06.

BONAPARTE			NAPOLÉON		
Bataille de Millesimo	Bonaparte, général en chef	Passage du Tagliamento	Napoléon empereur et roi	L'empereur commande la Grande Armée	Capitulation d'Ulm
Bataille de Castiglione	Bonaparte Premier Consul	Reddition de Mantoue	Prise d'Inspruck	Bataille de la Moskowa	Prise de Vienne et de Presbourg
Bataille des Pyramides	Conquête de la Basse-Égypte	Passage du Saint-Bernard	Bataille d'Iéna	Bataille de Friedland	Bataille de Wagram

TABLEAU 7

Bataille de Millésimo	Bataille de Lodi en Italie, Premier Consul	Passage du Grand-Saint-Bernard	Bataille des Pyramides (Égypte)
Bataille de Castiglione	Bataille de Rivoli, organisation de l'Italie	Traité de Lunéville, Paix d'Amiens	Bataille d'Essling, Wagram
Bataille de Marengo	Campagne d'Autriche, la Grande Armée	Bataille de Moscowa, Prise d'Austerlitz	Bataille d'Eylau, Friedland
Bataille de Waterloo	Campagne de France	Prise de Smolensk, Bataille de la Moskowa	Capitulation d'Ulm

II

LA LÉGENDE DE NAPOLÉON. — LES PEINTRES ET LES STATUAIRES

La figure de Napoléon a été tant de fois reproduite par la sculpture, le dessin et la peinture, qu'il serait sans doute impossible de dresser la liste de toutes ces œuvres. Les unes sont signées du nom de grands artistes, les autres sans nom d'auteur; celles-ci ne sont pas les moins intéressantes; ce sont elles qui ont été surtout vulgarisées par l'imagerie populaire et qui, peut-être, représentent le mieux, pour le peuple, le Napoléon de la Légende.

Le Musée de l'Armée a recueilli un grand nombre de ces reproductions; c'est à celles qu'il possède que nous limiterons cette étude fort sommaire, ébauche d'un travail d'ensemble qui pourra plus tard tenter quelque critique d'art.

Les unes montrent comment les contemporains ont vu et compris cet homme si justement appelé extraordinaire; les autres montrent comment les artistes qui ne l'ont pas personnellement connu, ont traduit par le ciseau, par le pinceau ou par le burin, cette étonnante figure, telle qu'ils se la sont représentée d'après les œuvres des contemporains, complétée, pourrait-on dire, d'une part par la légende, de l'autre, par leur sentiment personnel et par leur imagination.

LES PEINTRES

Quatre fort belles compositions de *François Flameng*, résument d'une manière très saisissante : Bonaparte et son temps. — Napoléon et sa cour.

Bonaparte à l'Isola Bella. — F. d. 52. — Salle Napoléon. — C'est en 1796, Bonaparte, vainqueur et maître de l'Italie, ébauche une fête princière. Il a été rejoint par Joséphine et par quelques jeunes femmes de son entourage. Il a donné un repas champêtre dans le merveilleux cadre des îles Borromées, sur le lac Majeur; il a convié une chanteuse en renom pour le concert qui suit le repas.

Bonaparte est représenté assis, raide et sanglé dans son uniforme, le regard un peu vague, aussi préoccupé, semble-t-il, de garder son prestige que d'écouter l'artiste.

Les dames sont plus intéressées; leur attitude abandonnée n'est pas celle qui leur sera imposée plus tard par les exigences du maître impérial.

Les officiers de la suite, la plupart debout avec leurs lourds uniformes et leurs armes, plus étonnés qu'admiratifs, ne paraissent guère apprécier cette scène de théâtre.

Bonaparte, Premier Consul, à la Malmaison. — F. d. 53. — Salle Napoléon. — C'est une scène familière; on dirait aujourd'hui un *flirt* dans un *garden-party*, sur des pelouses et sous de charmants ombrages. — Bonaparte joue aux quatre-coins; il a pour partenaires de délicieuses personnes; il est toujours botté et éperonné, mais il est aimable; ce n'est plus le vainqueur d'Italie, ce n'est pas encore l'Empereur, c'est le général galant, arrivé à une situation qui lui permet de se délasser agréablement.

Les dames ont ces gracieuses toilettes du Directoire, dont la parure légère sied à leurs charmes; elles prennent le thé; les officiers en grande tenue, armés et empanachés, sont moins rudes qu'à l'Isola Bella; ils ont oublié les fanfares de guerre et s'amusent.

Napoléon à Compiègne. — F. d. 54. — Salle Napoléon. — Le cadre est changé; Bonaparte est devenu Napoléon; il est en bas de soie, il ne court plus; il est un peu alourdi et solennel, dans son uniforme d'apparat de grenadier de sa garde.

Esquisse par Denon.

Médaillon par Guérin 1798.   Médaillon par Hubert, dessiné à l'Ile d'Elbe.

PLANCHE XXXI.   Portraits de Bonaparte et de Napoléon.

Esquisse par Denon.

Médaillon par Guérin 1798.   Médaillon par Hubert, dessiné à l'Ile d'Elbe.

Il donne la main avec dignité, le bras tendu, à l'Impératrice, en grands atours; le protocole a réglé l'ordre et la marche du cortège qui les suit. Les officiers et les dames qui forment la haie pour saluer Leurs Majestés se sont façonnés aux belles manières. Ce sont des courtisans dont l'attitude rappelle celle des salons de l'ancien Régime, le Cardinal légat joue son rôle de grand dignitaire de l'église au milieu de cette cour nouvelle où il ne paraît pas trop dépaysé.

Napoléon à une chasse à Fontainebleau. — F. d. 55. — Salle Napoléon. — Ciel d'hiver sombre; les arbres sont dépouillés; le paysage laisse pressentir la neige; la bête est à l'eau aux abois.

Les dames ont suivi la chasse, les unes à cheval les autres en voiture. Elles sont enveloppées de fourrures et leurs attitudes n'expriment aucune gaieté; elles sont venues, par ordre, figurer dans une distraction que le maître a ordonnée. Lui-même a une contenance sévère, froide comme le temps. Les plus beaux jours de gloire, d'entrain ou de faste sont-ils passés? Ce sont les jours gris et soucieux qui s'annoncent : le déclin de la fortune.

Les Portraits de Bonaparte

Le plus sincère et le plus frappant des premiers portraits de Bonaparte nous semble être une petite gravure — F. a. 226. — Salle Napoléon. — En forme de médaillon de $0^m,105 \times 0^m,085$ de trois quarts à droite, dessiné par *J. Guérin*, gravé par *Élisabeth G. Herhan*, déposé à la Bibliothèque nationale, le 29 fructidor an VI (1798), portant le titre : BUONAPARTE. — Planche LXXXV.

L'artiste semble avoir eu un souci de vérité qu'on ne retrouve pas dans les portraits officiels postérieurs.

Tête de Bonaparte. — F. a. 228. — Salle Napoléon. — Par *Denon*, non terminée, d'après le tableau de *David*, peint pour le duc de Bassano; esquisse remarquable, très belle épreuve d'essai, fort rare. — Planche LXXXV.

La figure est maigre, les cheveux sont longs. C'est le Bonaparte du début, avant le Consulat. — Donnée par Mme la comtesse de Fleurien, nièce de Denon.

Bonaparte au Pont d'Arcole, 27 brumaire an V. — F. a. 227. — Salle Turenne. — D'après le tableau de *L. Gros*, gravé par *Longhi*, à Milan, 1798.

La figure est énergique, osseuse. C'est bien le jeune général en chef de l'armée d'Italie; mais l'artiste l'a représenté un drapeau flottant à la main, entraînant ses soldats. Il est peu probable que cette scène soit exacte et l'on sent déjà poindre les préoccupations du peintre officiel de l'épopée impériale que sera plus tard le baron Gros.

Bonaparte à la Bataille des Pyramides. — F. b. 202. — Salle Turenne. — « *Soldats! du haut de ces monuments, quarante siècles nous contemplent.* »
Peint, en 1810, par *Gros*, gravure par *Vallot, 1838*.

Bonaparte et les Pestiférés de Jaffa, *21 ventôse an VII.* — F. b. 206. — Salle Turenne. — Peint, en 1804, par *Gros*, gravure par *Laugier* 1829.

Ces deux tableaux, exécutés en 1804 et en 1810, dont on doit louer la composition et la facture, rappellent de grands faits historiques, mais ce ne sont pas des documents de l'histoire. Ils s'ajoutent aux tributs d'adulation que chacun s'empressait d'apporter aux pieds de Napoléon; ils ne sauraient donner une idée exacte de Bonaparte, général en chef de l'armée d'Égypte.

Bonaparte passant les Alpes. — F. a. 86. — Salle d'honneur. — Par *David*, l'original est au Louvre; le Musée de l'Armée en possède deux copies, de même grandeur ($2^m,75 \times 2^m,33$), par *Biard*.

Bonaparte sur un cheval qui se cabre, enveloppé d'un manteau dont les plis s'enlèvent au vent de la montagne, montre du bras les cimes neigeuses que son armée escalade.

Sur un rocher, sont écrits les noms d'*Annibal*, de *César*, de *Charlemagne*.

Ces inscriptions sont en harmonie avec le symbolisme de la peinture héroïque, car ce n'est pas de l'histoire, c'est une première page de la Légende.

Bonaparte, Premier Consul. — F. a. 232. — Salle Napoléon. — Phototypie, d'après le tableau grandeur nature par *Ingres*, du Musée de Liége.

Bonaparte est représenté debout, tête nue, dans le costume rouge des consuls, il est dans son cabinet de travail; ce n'est plus le général en chef, c'est le chef d'État. La peinture est froide, officielle, comme il convient à un tableau qui décorera une salle de conseil. Certainement ressemblante, elle mérite d'être étudiée, car elle marque l'époque de transition avant l'Empire. Bonaparte n'a

Planche XXXVI

Napoléon en costume du Sacre.
Statue de la Celle, par Simart.

PLANCHE XXXVI

Napoléon en costume du Sacre
Statue de la Calle, par Simart

plus ses longs cheveux, en oreilles de chien, de général de la République et il n'a pas encore le facies de l'Empereur. Quel que soit le mérite de cette œuvre elle n'a pas été popularisée par la gravure. Le peuple ne la connaît guère.

Il faut citer encore :

Bonaparte au Caire. — F. a. 230. — Salle Napoléon. — D'après la statue de bronze de *Gérôme ;* belle gravure par *Louis Journot,* 1897.

Bonaparte Premier Consul. — F. a. 231. — Salle Napoléon. — A cheval, gravure coloriée par Chataignier.

Les Portraits de Napoléon

La figure de Napoléon ne ressemble plus à celle de Bonaparte. « Parvenu au pouvoir, il ne tarda pas à perdre sa maigreur; peu de figures étaient aussi belles que la sienne; c'était un type d'une régularité remarquable. » Comme exactitude de dessin et par conséquent de ressemblance, le portrait d'Ingres, peint en 1806, semblerait devoir, comme son portrait du Premier Consul, servir de critérium; mais les peintres et les sculpteurs officiels ne tardèrent pas à chercher à annoblir ses traits et à leur donner un caractère antique de médaille romaine.

Napoléon en costume du sacre. — F. a. — Salle du Conseil. — Tableau original; signé, dans l'angle inférieur de gauche, *Ingres* P^{xit}; dans l'angle inférieur de droite, *Anno 1806*.

Napoléon, assis sur le trône, est revêtu des ornements impériaux. Sa tête est ceinte d'une couronne de lauriers en or; il tient, de sa main droite, le sceptre surmonté de l'aigle impériale; de sa main gauche, la main de justice; il a au côté un glaive de forme antique, toile de $1^m,60 \times 2^m,60$.

Ingres avait déjà peint le portrait du Premier Consul; sa réputation était faite; cependant, on dit que l'Empereur hésitait à lui confier l'exécution de son portrait, parce qu'il le trouvait trop jeune. La conscience et le talent du peintre sont des garanties de la ressemblance, mais l'attitude hiératique imposée par le modèle, donne au tableau un aspect froid, dont se ressentent les traits de la figure et la banalité du regard. Ce n'est pas le Napoléon populaire; ce n'est pas ainsi qu'on aime se représenter l'Empereur.

Napoléon, empereur des Français, roi d'Italie, protecteur de la Confédération du Rhin. — F. a. 238. — Salle Turenne. — Par *Carle Vernet*, gravure coloriée par *Levachez* (0^m,61 × 0^m,77); l'Empereur, à cheval, entouré de son État-major.

Napoléon en costume du sacre. — F. a. 233. — Salle Napoléon. — D'après le tableau de *David*. L'Empereur, debout, élevant la couronne qu'il posera lui-même sur sa tête, rompant la tradition du droit divin, refusant l'investiture de l'Église, tout en se réclamant de son concours pour en imposer aux peuples. Dans les actes de son règne, Napoléon se dira par la grâce de Dieu, empereur des Français.

Il paraît superflu de citer la longue série des tableaux de bataille, vulgarisés par la gravure ou par la lithographie. Les plus notables sont :

Austerlitz. — F. b. 252. — Salle Napoléon. — Peint par *Gérard*, en 1810; gravé par *Godefroy*, en 1813; Napoléon reçoit le rapport de la victoire que lui apporte le général Rapp.

Iéna. — F. b. 260. — Salle Napoléon. — Par *Horace Vernet*.

Eylau. — F. b. 268. — Salle Napoléon. — Peint par *Gros*, en 1810; gravé par *Vallot*, en 1833.
Napoléon visite le champ de bataille, 9 février 1807.

Friedland. — F. b. 276. — Salle Napoléon. — Par *Horace Vernet*.

Wagram. — F. b. 294. — Salle Napoléon. — Par *Horace Vernet*.

Napoléon à cheval. — F. a. 237. — Salle Napoléon. — Peint par *Meissonnier*, en 1863. — C'est le Napoléon de 1814, belle figure impressionnante; eau-forte par *Abel Mignon*, épreuve d'état, 0^m,43 × 35.

Les Adieux de Fontainebleau, avant le départ pour l'île d'Elbe. — F. b. 337. — Salle Napoléon. — D'après le tableau d'*Horace Vernet*, tableau historique du plus grand intérêt, fort émotionnant par sa composition et par les souvenirs qu'il évoque; gravure par *Jazer*.

Planche XX

Bustes de Bonaparte et de Napoléon.
Par E. Guillaume.

Bonaparte général en chef.

Bonaparte à l'École Militaire.

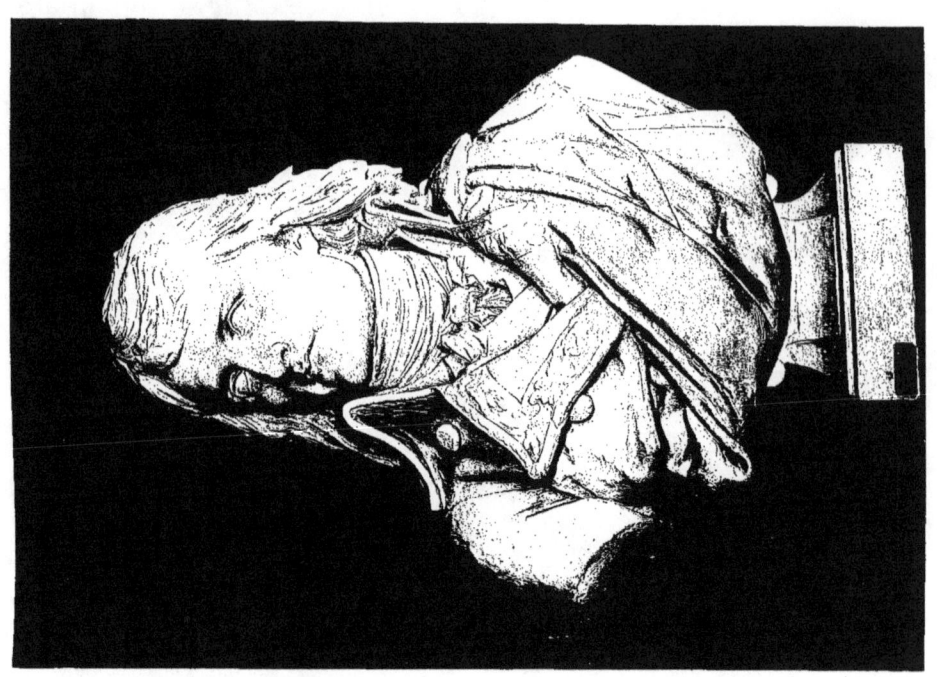

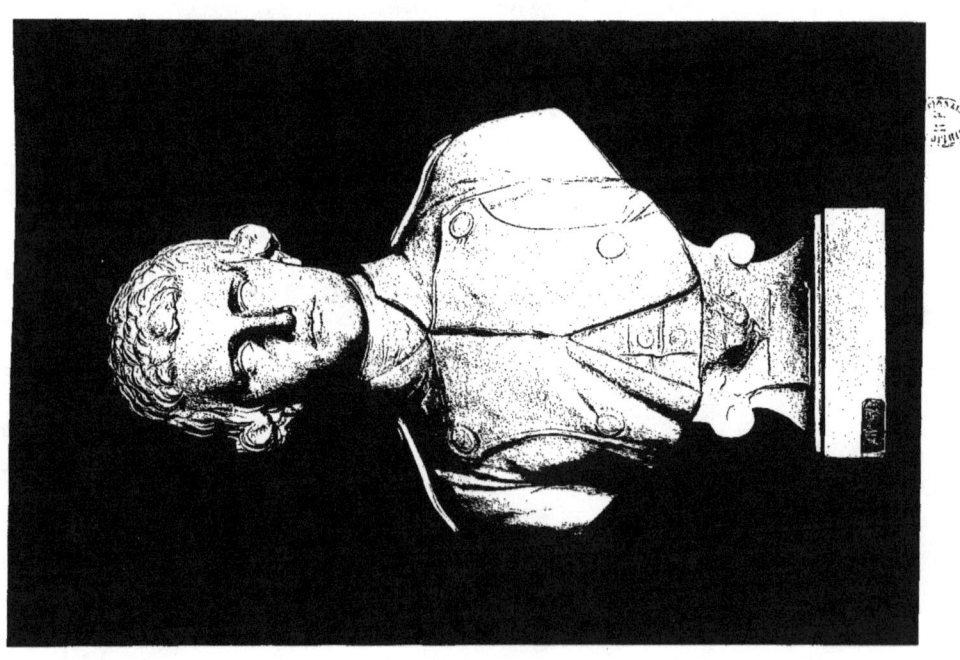

Inscription : *Le 20 Avril 1814, à midi, la Garde Impériale prend les armes et forme la haie; à une heure, l'Empereur sort de son appartement; il trouve rangé sur son passage ce qui reste autour de lui de la cour la plus nombreuse et la plus brillante de l'Europe... Napoléon tend la main à chacun, descend vivement l'escalier et, faisant signe qu'il veut parler, tout le monde se tait et, dans le silence le plus religieux, on écoute ses dernières paroles.*

Soldats de ma vieille garde, dit-il, je vous fais mes adieux : depuis 20 ans, je vous ai trouvés constamment sur le chemin de l'honneur et de la gloire; dans ces derniers temps, comme dans ceux de notre prospérité, vous n'avez cessé d'être des modèles de bravoure et de fidélité. Avec des hommes tels que vous, notre cause n'était pas perdue; mais la guerre était interminable : c'eût été la guerre civile, et la France n'en serait devenue que plus malheureuse. J'ai donc sacrifié tous nos intérêts a ceux de la Patrie; vous, mes amis, continuez de servir la France. Son bonheur était mon unique pensée; il sera toujours l'objet de mes vœux! Ne plaignez pas mon sort; si j'ai consenti a me survivre, c'est pour servir encore notre gloire. Je veux écrire les grandes choses que nous avons faites ensemble!... Mes enfants! je voudrais vous presser tous sur mon cœur; j'embrasserai votre Général et votre Aigle. — Approchez Général Petit.

A ces mots, le Général, suivi du porte-aigle Forti, s'avance; l'Empereur le reçoit dans ses bras, puis, saisissant l'Aigle, il le baise avec recueillement; le silence d'admiration que cette grande scène inspire n'est interrompu que par les sanglots des soldats et bientôt par le plus grand enthousiasme. L'Empereur dont l'émotion est visible fait un dernier effort et reprend d'une voie plus ferme : Adieu encore une fois, mes vieux compagnons; que ces derniers baisers retentissent dans le cœur de tous les braves.

Le schéma joint à la gravure donne les noms de :
Général baron Petit, adjudant général des Grenadiers à pied de la Vieille Garde.
Duc de Bassano, ministre, secrétaire d'État.
Baron Fain, secrétaire du cabinet de l'Empereur.
Lieutenant général comte Bertrand, grand maréchal du Palais.
Lieutenant général comte Drouot, aide de camp de l'Empereur, aide major général de la Garde.
Lieutenant général comte Corbineau, aide de camp de l'Empereur.
Lieutenant général comte Beillard.
Lieutenant général comte Ornano, colonel des Dragons de la Garde.
Colonel baron Gourgaud, 1er officier d'ordonnance de l'Empereur.
Chef de bataillon Athalin, sous-directeur du cabinet topographique.
Lieutenant Forti porte-aigle du 1er Régiment des Grenadiers à pied de la Garde.
Général baron Koller, commissaire de l'Autriche.
Général comte Kosukowski, attaché à l'État-major général russe.
Colonel chevalier Campbell, commissaire de l'Angleterre.
Général comte Schouvaloff, aide de camp de l'Empereur Alexandre, commissaire de la Russie.
Officiers des chasseurs à cheval de la vieille Garde, du 1er Régiment des Grenadiers à pied et de différentes armes.

Napoléon à l'île d'Elbe. — F. a. 244. — Salle Napoléon. — Dessiné par *Hubert*, gravé par *Henry*, dédié à S. E. Mgr le Grand Maréchal Comte Bertrand; médaillon de profil, face à droite de $0^m,105 \times 0^m,09$, semble avoir une valeur particulière comme ressemblance. — Planche LXXXV.

Napoléon en 1815. — F. a. 243. — Salle Napoléon. — Par *Horace Vernet*. Lithog. par *Maria Lavigne*, portrait à cheval.

Napoléon sur son lit de mort. — F. d. 72. — Salle Napoléon. — Tableau par *Steuben*, gravé par *Jazet*.

Napoléon mourant est entouré de ses amis et serviteurs. Document historique de grand intérêt, dont le schéma donne les noms ci-dessous :

Napoléon Bertrand, jeune homme.	Mme la comtesse Bertrand.
Général comte Montholon.	Mlle Bertrand, jeune fille.
Docteur Antommarchi.	Lieutenant général comte Bertrand.
Arthur et Henri Bertrand, enfants.	Médecin anglais, Arnold.
Marchand, premier valet de chambre.	Capitaine anglais, Croket.

L'Empereur! — **Entrée des cendres de Napoléon dans l'église des Invalides.** — Tableau original de $3^m,10 \times 3^m,60$, par *Géo Roussel*.

Le cercueil, porté par les marins de la *Belle-Poule* pénètre dans le vestibule funéraire; le maître des cérémonies annonce l'Empereur! Le vieux maréchal Moncey, gouverneur des Invalides, se soulève de son siège pour le saluer. — Autour de lui sont groupés des vétérans de l'Empire. — Grande peinture, à la fois symbolique et réaliste, très impressionnante. — Don de l'État.

LES STATUAIRES

Bustes de Bonaparte et de Napoléon

Deux bustes de **Bonaparte** général en chef, grandeur nature, sont particulièrement de belle allure; on est disposé à se le représenter ainsi, maigre, énergique, regard de commandement. Ce sont ceux de Corbet et d'Eug. Guillaume.

Bonaparte, an IX. — D. b. 61. — Salle Turenne. — Par *Corbet*, buste plâtre, les épaules drapées dans un manteau, trois quarts à gauche; hauteur : $0^m,84$.

Eug. Guillaume de l'Institut, a modelé une série de six bustes[1]. — D. b. 54 à 59. — Salle Napoléon. — Dont trois représentent Bonaparte et trois représentent Napoléon à différents âges. — Don de Mme Lefuel et de son fils; fille et petit-fils de l'auteur.

---

1. Quelques-uns seulement de ces bustes ont été reproduits. Le buste de Bonaparte, général en chef, se trouve à l'Institut. Les originaux et les matrices sont la propriété de S. A. I. le prince Louis-Napoléon.

Napoléon Empereur.

Bonaparte Premier Consul.

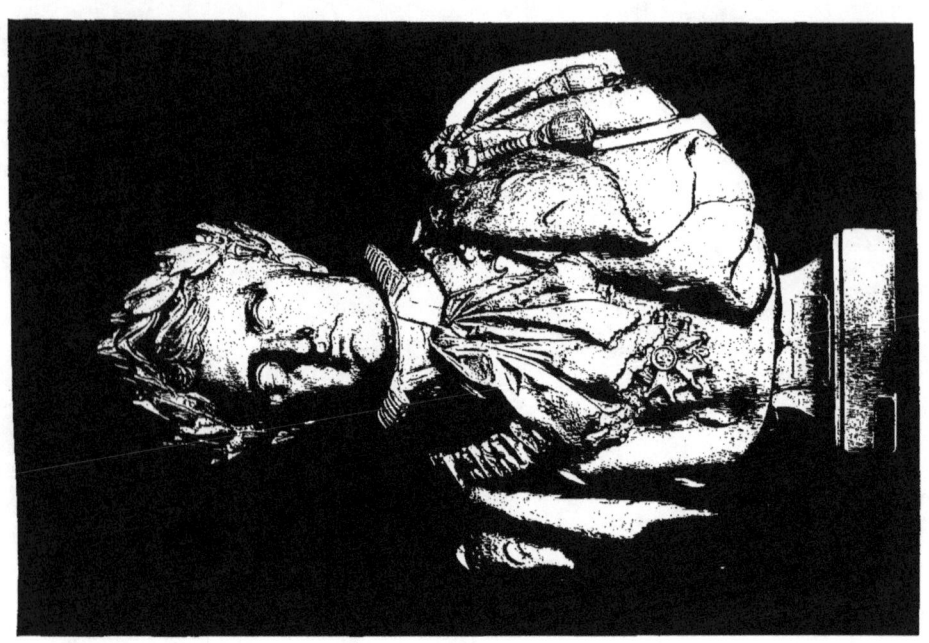

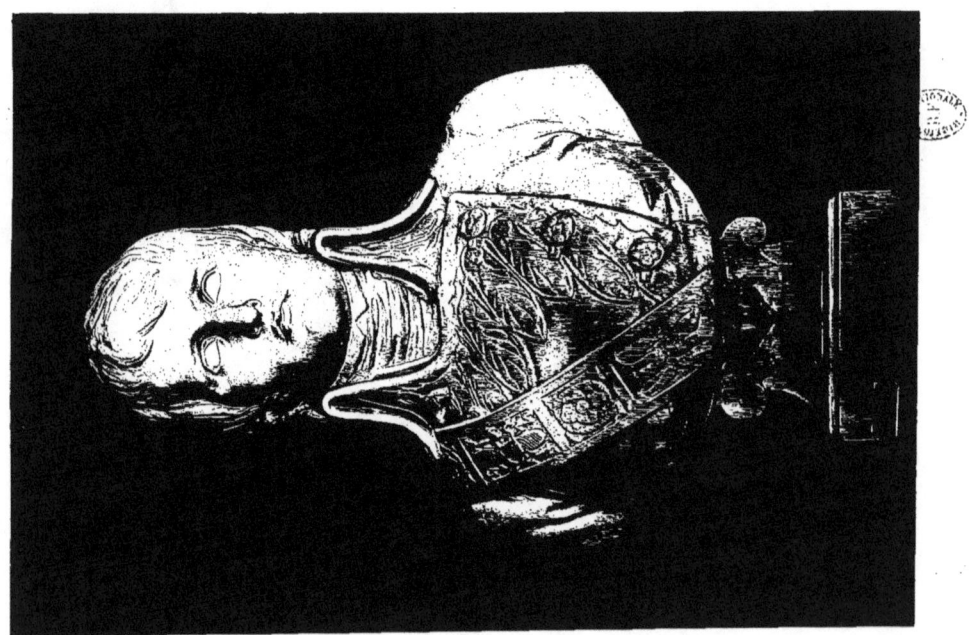

Bonaparte, élève à l'École militaire, 1785, seize ans;
Bonaparte, général en chef, 1796, vingt-sept ans;
Bonaparte, Premier Consul, 1800, trente et un ans;
Napoléon, Empereur, 1804, trente-cinq ans; costume du Sacre;
Napoléon, commandant la Grande Armée, 1812, quarante-trois ans;
Napoléon à Sainte-Hélène, 1815-1821, quarante-six ans, à cinquante-deux ans.

L'artiste a voulu montrer, dans la physionomie de Napoléon, le reflet des pensées qui occupaient son cerveau, aux époques les plus notables de sa vie. L'impression produite n'est pas à analyser; c'est celle que l'on devait attendre du grand talent du maître.

Bonaparte, par *Canova*. — D. b. 60. — Salle Napoléon. — Plâtre; hauteur : 0^m,58.

Les bustes marbre, non signés, portés sous les n° 64 et 65 (Salle Turenne), sont certainement des œuvres de valeur, mais ce ne sont que des bustes officiels sans caractère spécial. — Par suite des évolutions politiques, ils ont été enlevés des résidences impériales et relégués au Dépôt des marbres. Le Musée de l'Armée en a hérité.

Le buste marbre signé *Bosio* — D. b. n° 62 — *Salle du conseil* — a été exécuté en 1812[1]. Buste d'un caractère officiel sans doute, mais ayant une expression de sérénité souveraine qui le classe parmi les meilleurs modèles.

Statues de Napoléon

Deux remarquables statues, l'une en marbre, l'autre en bronze, se trouvent aux Invalides.

Napoléon en costume du sacre. — Statue de la Cella, par *Simart*.

Napoléon, debout, la tête laurée porte le grand collier de la Légion d'honneur; il tient de la main droite le sceptre que surmonte l'aigle impériale; de la main gauche, il soutient le globe du monde, surmonté d'une croix; statue de marbre rehaussée d'ornements d'or, exécutée après le Retour des Cendres; hauteur : 2^m,66.

Napoléon en costume militaire. — Statue de la Cour d'honneur, par *Seurre*.

Cette statue, en bronze, est celle qui, du 21 juillet 1833 au 4 novembre 1863, surmonta la colonne de la Grande Armée.
Cette colonne érigée de 1806 à 1810, place Vendôme, sur le modèle de la colonne Trajane, fut surmontée, au début, d'une statue de Napoléon en costume romain, par *Chaudet*.
En 1814, cette statue fut enlevée et remplacée par une fleur de lys qui disparut à son tour après la Révolution de 1830.

---

[1]. Acquis au statuaire par l'Hôtel des Invalides, au prix de 2.000 francs, envoyé au Musée royal en 1816; il a été rendu aux Invalides en 1840.

En 1831, à la suite d'un concours entre les statuaires, le modèle proposé par *Seurre* et représentant Napoléon dans son costume légendaire fut choisi. La statue fut érigée le 21 juillet 1833.

Sous le second Empire, on décida de la remplacer par le modèle primitif de Chaudet qui était plus en rapport avec le style de la colonne.

Le 4 novembre 1863, la statue de Seurre fut descendue et transportée au rond-point de Courbevoie où elle resta jusqu'en septembre 1870, époque à laquelle elle fut renversée et jetée dans la Seine où elle se brisa. Les morceaux furent plus tard retirés et portés au dépôt des marbres. Ils étaient peu endommagés.

En 1911, l'Administration des Beaux-Arts, M. Dujardin-Beaumetz étant Sous-Secrétaire d'État, décida de la faire réparer et de la mettre aux Invalides à la place du modèle en plâtre qui se trouvait, sous une arcade du premier étage de la Galerie du Midi, dans la cour d'honneur; elle y fut érigée le 11 mars 1911.

La statue, haute de quatre mètres, pèse 4.500 kil. Sur la partie antérieure du socle est gravée l'inscription :

L'an 1833, aux jours de l'anniversaire de la Révolution de juillet 1830, la 3ᵉ année du règne de Louis-Philippe Iᵉʳ roi des Français, en exécution de l'ordonnance royale rendue le 1ᵉʳ avril 1831, sur la proposition de M. Casimir Périer, président du Conseil des Ministres, la statue de Napoléon a été replacée sur la colonne de la Grande Armée. M. Thiers, ministre du Commerce et des Travaux Publics.

Sur la bride de l'éperon : *Lemercier.*

Sur le socle : *Hittorf architecte; Édouard Blanc, directeur des travaux publics; Leperre, architecte de la colonne; C. M. E. Seurre, statuaire élève de P. Castellier 1833.*

Sur la partie postérieure du socle : *Fondu par Crozatier, 1833.* Réparé par les fonderies *Malesset 1911.*

Une plaque posée sur le socle de pierre porte l'inscription :

Cette statue surmonta la colonne de la Grande Armée, du 21 juillet 1833 au 4 novembre 1863. Elle fut placée ici le 11 mars 1911, M. Dujardin-Beaumetz étant Sous-Secrétaire d'État aux Beaux-Arts.

Napoléon, dans son uniforme habituel des chasseurs de la garde, portant la redingote flottante, tient de la main droite une lorgnette de campagne; le bras gauche replié, la main dans l'ouverture du gilet.

C'est bien là le Napoléon populaire. On ne peut considérer cette statue comme le prototype des statuettes, bustes, médaillons, etc..., qui, sous toutes les formes (dessus de pendule, cachets, presse-papiers, etc.)... ont été répandus à milliers, il est même à supposer que l'artiste a été inspiré par ces types antérieurs à son œuvre ; mais il a su leur donner une forme monumentale qui durera à jamais et qui est bien la représentation de l'Empereur, tel que le décrit l'Histoire et que l'a consacré la Légende : le puissant manieur d'hommes, le Napoléon du peuple et du soldat.

Statuette en bronze de Napoléon. — D. c. 9. — Salle Napoléon. — Haut. 0ᵐ,14, par *Barre*, graveur général de la Monnaie, 1835; réduction d'une statuette plus grande; le modèle était revêtu d'un uniforme de grenadiers de la garde, ayant été porté par l'Empereur; la tête d'après le portrait d'E. Delacroix. — Fondu par *Richard Eck* et *Durand*. (Rare.)

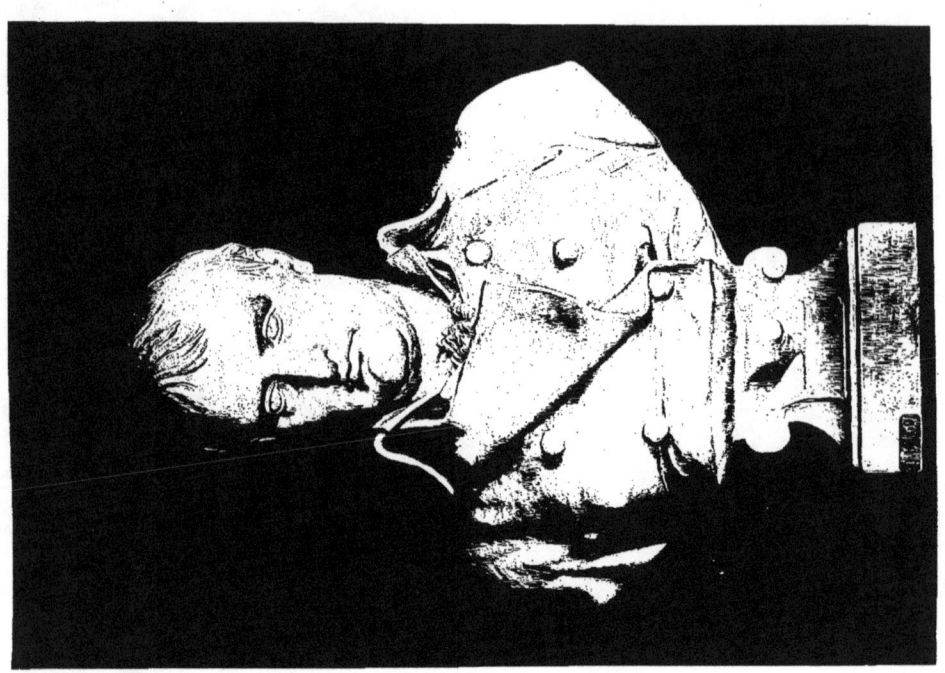

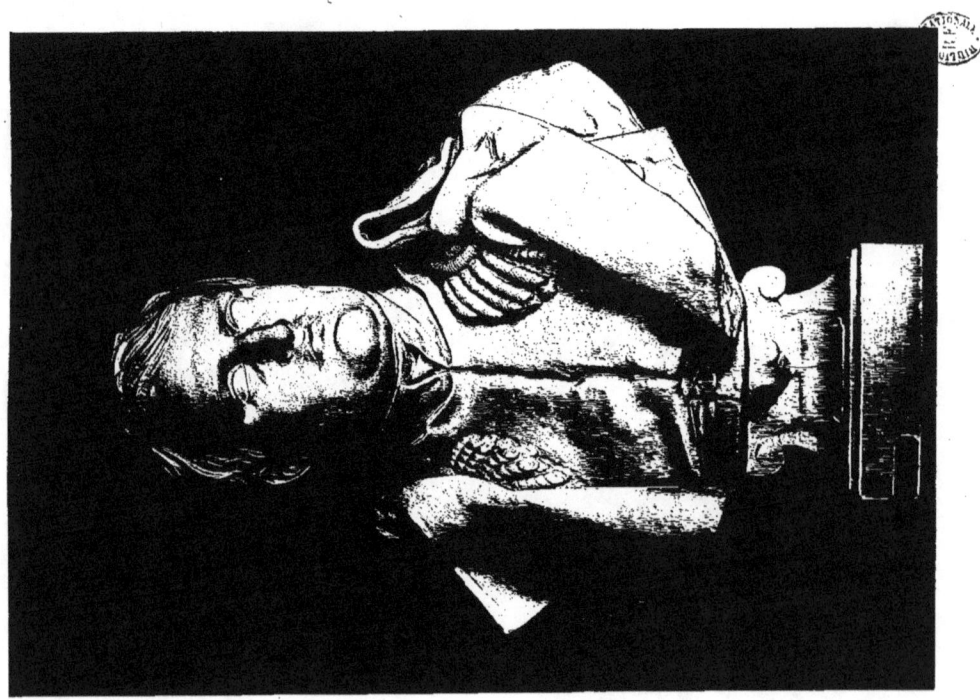

III

LA LÉGENDE DE NAPOLÉON. — LES POÈTES ET LES ÉCRIVAINS

On a dit : « Il en est de Napoléon comme des héros d'Homère ; il pourrait se passer de la pyramide des livres écrits par les historiens. Les odes, les poèmes, les chansons suffisent à dire sa vie et sa gloire[1]. »

« Ce sera le Napoléon de la légende, de cet homme-là l'histoire n'est ni moins merveilleuse ni moins admirable que la légende. Il faut même dire que, si grand que l'ait fait la légende, l'histoire la plus précise et la plus minutieuse l'a grandi encore, justifiant ces paroles de Gœthe à Eckermann : « Napoléon grandira à mesure qu'on le connaîtra mieux. »

En France, pendant sa captivité à Sainte-Hélène, les poètes qui l'avaient encensé sous son règne, restèrent muets. C'est, hors de France, en Angleterre, en Allemagne, que l'Empereur captif eut ses poètes.

L'un fut un anglais : Lord Byron, l'autre un allemand : Henri Heine.

« De tous les hommes, dit *Byron*, dans le IIIe chant du *Pèlerinage de Child Harold*, de tous les hommes, Napoléon est le plus grand, et non le pire... Vainqueur de la terre, te voilà son captif. Tu la fais trembler encore, et ton nom redouté ne fut jamais plus présent à la pensée du genre humain, que maintenant que tu n'es plus rien. . . . .

---

1. Henry Houssaye, de l'Académie française. — Conférence faite à la Société des conférences, à Paris et à l'Hôtel de ville, à Metz, 1907. Dans cette conférence, M. Henry Houssaye cite dans une revue rapide, les pages des principaux romanciers et poètes qui ont exalté Napoléon. « Il montre l'Empereur dans la littérature proprement dite et surtout dans la poésie, reflet direct et éclatant de la pensée du peuple et de la tradition nationale... Il ne se propose, pour le moment, dit-il, que d'exposer un simple sommaire de l'*Histoire poétique de Napoléon* »... et de préparer le travail de quelque auteur du trentième siècle qui sera tenté d'écrire le cycle de Napoléon, comme a été écrit le cycle de Charlemagne.

Nous ne pouvons mieux faire que de glaner derrière l'éminent académicien qui nous honorait de sa sympathie, et des conseils duquel nous ont privé la douloureuse maladie qui l'a éloigné des lettres et sa mort survenue le 23 septembre 1911.

« Adieu, le pays qui vit le funèbre éclat de ma gloire naître et éclairer la terre de mon nom. Tu m'abandonnes maintenant, mais les pages de ton histoire, les plus brillantes comme les plus sombres, seront pleines de ma renommée...

« Adieu, France ! Quand ton diadème ceignit mon front, je te fis la perle et la merveille de la terre.

« Oh ! que n'ai-je encore ces cœurs belliqueux, qui, vainqueurs dans toutes mes guerres, sont tombés sans fruit en luttant contre l'orage. L'aigle planerait encore dans le ciel en fixant d'un œil assuré le soleil de la victoire !

« Adieu, France !... Mais la violette vit encore au fond des vallées. Quoique fanée, tes pleurs la feront refleurir. Alors ton cœur pourra encore s'éveiller à ma voix et je pourrai encore vaincre les armées ennemies ! »

Vers le même temps, en 1816, *Henri Heine*, qui avait certainement vu les soldats prisonniers des Russes après la campagne de 1812, passer à Dusseldorf pour regagner la France, et qui les avait entendus exprimer leur surprise, leur douleur et leur colère, en apprenant la captivité de l'Empereur, traduit ces sentiments avec une grandeur épique dans les **Deux Grenadiers**.

« ... Que m'importent femme et enfants ! J'ai bien d'autres soucis ! qu'ils aillent mendier, s'ils ont faim ! Lui, l'Empereur, est prisonnier !

« Ensevelis-moi dans la terre de France.

« La croix d'honneur avec son ruban rouge, tu me la placeras sur le cœur, tu me mettras le fusil à la main, et tu me ceindras le sabre au côté.

« C'est ainsi que je veux rester dans ma tombe, comme une sentinelle, et attendre jusqu'au jour où retentiront le grondement du canon et le galop des chevaux.

« Alors, l'Empereur passera à cheval sur mon tombeau au bruit du tambour et au cliquetis des sabres, et moi, je sortirai tout armé du tombeau pour le défendre, lui, l'Empereur, l'Empereur ! »

Plus tard, dans les **Reisebilder**, *Henri Heine* reviendra souvent à Napoléon. C'est son idole ; il en récite les litanies :

« Éternellement admiré, éternellement regretté ! — Homme nouveau. — Héros des temps modernes. — Prométhée dont la légende sera clamée aux siècles par le rocher de Sainte-Hélène, qui se dressera horrible, du milieu des mers. »

Tout enfant, Heine avait assisté à l'entrée de Napoléon à Dusseldorf. Il a tracé de souvenir ce portrait, embelli jusqu'à la transfiguration :

« L'Empereur portait son simple uniforme vert, et le petit chapeau historique. Il montait un petit cheval blanc, et ce cheval marchait si fier, si paisible, si sûrement, d'une manière si distinguée... Si j'avais été alors le prince royal de Prusse, j'aurais envié le sort de ce petit cheval. L'Empereur se penchait négligemment sur sa selle. D'une main, il frappait amicalement le cou du petit cheval. C'était une main de marbre qui éclatait au soleil, une main puissante, une de ces mains qui avaient dompté l'anarchie et réglé le duel des peuples; et elle frappait bonnement le cou de ce cheval. Son visage avait aussi cette couleur que nous trouvons dans les têtes de marbre des statues grecques. Les traits étaient noblement réguliers, comme ces figures antiques, et dans ces traits on lisait : « Tu n'auras pas d'autres dieux que moi. » Un sourire, qui chauffait et qui donnait le calme, voltigeait sur les lèvres, et cependant on savait que ces lèvres n'avaient qu'à siffler et *la Prusse n'existait plus*. Et ces lèvres souriaient, et l'œil souriait aussi. C'était un œil clair comme le ciel. Il pouvait lire dans le cœur des hommes. Il voyait rapidement, d'un regard, toutes les choses du monde, tandis que nous ne les voyons que l'une après l'autre, et que souvent nous n'en percevons que les ombres colorées. Le front n'était pas aussi serein ; là, planait le génie des batailles ; là, se rassemblaient ces pensées aux bottes de sept lieues avec lesquelles le génie de l'Empereur traversait le monde. Et je crois que chacune de ces pensées eût fourni à un écrivain allemand de l'étoffe pour écrire pendant toute sa vie. L'Empereur chevauchait paisiblement au milieu de l'allée. Derrière lui, montée sur des chevaux écumants, chargée d'or et de plumes, galopait sa suite... Et le peuple, de ses mille voix, criait : « Vive l'Empereur! »

Ce chant impérial, commencé hors de France, et dont Byron et Heine ont écrit les premières strophes, allait être continué après la mort de l'Empereur.

En apprenant la mort de Napoléon, — c'est le titre même de la pièce de vers, — *Shelley* interpelle la Terre :

« Quoi, Terre! quoi? Tu sautes comme autrefois dans la lumière de ton allégresse matinale! Les membres ne restent-ils pas immobiles quand l'esprit est parti? Peux-tu te mouvoir encore quand Napoléon est mort? Quelle étincelle vit encore dans ton foyer ? »

Manzoni écrit : **Le 5 mai.**

« Il n'est plus... Veuve d'une si grande âme, la terre s'arrête.
« Muette, elle pense à la suprême heure de l'Homme du Destin, et ne sait quand un pied mortel viendra sur sa poussière sanglante imprimer la même trace.
« Il a tout éprouvé : la gloire la plus grande après le péril, la fuite et la victoire, le palais et l'exil — deux fois dans la poussière, deux fois sur les autels!.............»
« Il disparut et sembla achever ses jours dans l'inaction, sur une île chétive, objet d'une envie sans borne, d'une pitié profonde, d'une haine infatigable et d'un indomptable amour. »

En France, les poètes, ces tout-puissants faiseurs de renommée, n'avaient pas encore parlé.

En 1821 et en 1825 seulement, *Béranger* publia les chansons bonapartistes qui passionnèrent la France :

    Le 5 Mai : — Il fatiguait la victoire à le suivre.
               Elle était lasse, il ne l'attendit pas.

    Le Vieux drapeau : — Quand secouerai-je la poussière
               Qui ternit ses nobles couleurs?

Le Vieux Sergent : — De quel éclat brillaient dans les batailles
               Les habits bleus par la victoire usés!

Les Souvenirs du peuple : — On parlera de sa gloire
            Sous le chaume bien longtemps.
           L'humble toit, dans cinquante ans,
           Ne connaîtra pas d'autre histoire.
           Bien, dit-on, qu'il nous ait nui,
           Le peuple encore le révère,
             Oui le révère!
           Parlez-nous de lui, grand'mère,
             Parlez-nous de lui!

On a dit que Béranger fut un des créateurs de la légende napoléonienne. Il semble plutôt qu'il l'ait subie. Béranger, en effet, n'a guère mis en scène Napoléon lui-même. Il a évoqué l'image de l'Empereur tel que le voyaient, sous la Restauration, le peuple et les soldats. C'est pourquoi ces chansons démodées sont et resteront un très précieux document pour les historiens, qui, tout en racontant la politique et la guerre, s'efforcent de pénétrer jusqu'au fond de l'âme française.

Chateaubriand avait salué d'un mot pompeux et fatidique Napoléon vivant. Dans la préface d'Atala, publiée en 1801, il avait écrit :

« On sait ce que la France est devenue jusqu'au moment où la Providence a fait paraître un de ces hommes qu'elle envoie en signe de réconciliation quand elle est lassée de punir. » . . . .

« Une partie de la puissance de Napoléon vient d'avoir trempé dans la Terreur... Il a pris naissance dans notre chair, il a brisé nos os et s'est nourri de la moelle des lions. »

«..... Les Russes n'avaient qu'à se laisser rouler en bas des hauteurs de Smolensk ; leur seule masse l'eût écrasé. Mais à la vue de ce grand homme et des débris de la Garde serrés autour de lui, ils demeurèrent immobiles, comme fascinés. Son regard arrêta cent mille hommes. ». . . . .

« Bonaparte, dit-il, était un poète en action, un génie immense dans la guerre, un esprit infatigable, un administrateur habile, un législateur laborieux et raisonnable... Mais ce que la vraie philosophie ne lui pardonnera pas, c'est d'avoir façonné la société à l'obéissance passive, repoussé l'humanité vers les temps de dégradation morale et abâtardi les caractères. Il a dérangé jusqu'à l'avenir. La faiblesse où nous sommes plongés vis-à-vis de nous-mêmes et vis-à-vis de l'Europe, notre abaissement actuel, sont la conséquence de l'esclavage napoléonien. Il ne nous est resté que les facultés du joug. »

Chateaubriand admire, mais il discute.

« Le monde appartient à Bonaparte. Ce que le ravageur n'avait pu achever de conquérir, sa mémoire l'usurpe ; il a manqué le monde ; mort, il le possède !... Après avoir subi le despotisme de sa personne, il nous faut subir le despotisme de sa mémoire, plus dominateur que le premier. »

Alfred de Musset écrit dans la **Confession d'un enfant du siècle** :

« La France, veuve de César, sentit tout à coup sa blessure. Elle tomba en défaillance et s'endormit d'un si profond sommeil que ses vieux rois, la croyant morte, l'enveloppèrent d'un linceul blanc... Les enfants ne voyant plus ni sabres, ni cuirasses, ni fantassins, ni cavaliers, demandèrent où étaient leurs pères. On leur répondit que la guerre était finie, que César était mort et que les portraits de Wellington et de Blücher étaient suspendus dans les ambassades avec ces deux mots au bas : *Salvatoribus mundi*. Alors s'assit sur un monde en ruines une jeunesse soucieuse. Tous ces enfants étaient des gouttes d'un sang brûlant qui avait inondé la terre. Ils étaient nés au sein de la guerre, pour la guerre. Ils avaient rêvé pendant quinze ans des neiges de Moscou et du soleil des Pyramides ; ils n'étaient pas sortis de leurs villes, mais on leur avait dit que, par chaque barrière de ces villes, on allait à une capitale de l'Europe. Ils avaient dans la tête tout un monde. Ils regardaient la terre, le ciel, les rues et les chemins ; tout cela était vide. »

Casimir Delavigne montre Napoléon

> Seul et sur un rocher, d'où sa vie importune
> Troublait encor les rois d'une terreur commune ;
> Du fond de son exil, encor présent partout,
> Grand comme son malheur, détrôné, mais debout
> Sur les débris de sa fortune.

Il faut encore citer, après ces stances d'un style honnête, les imprécations d'Auguste Barbier dans son fameux poème des **Iambes**.

La voici donc, cette France de l'Empire, « cette cavale indomptable et rebelle », domptée par « le Corse à cheveux plats » :

>Alors, comme elle aimait les rumeurs de la guerre,
>   La poudre et les tambours battants,
>Pour champ de course, alors, tu lui donnas la terre,
>   Et des combats pour passe-temps.
>. . . . .
>
>Quinze ans, son dur sabot, dans sa course rapide,
>   Broya des générations;
>Quinze ans, elle passa, fumante, à toute bride,
>   Sur le ventre des nations.
>. . . . .
>
>Enfin, lasse d'aller sans finir sa carrière,
>   D'aller sans user son chemin,
>De pétrir l'univers et, comme une poussière,
>   De soulever le genre humain;
>
>Les jarrets épuisés, haletante et sans force,
>   Prête à fléchir à chaque pas,
>Elle demanda grâce à son cavalier corse;
>   Mais, bourreau, tu n'écoutas pas.
>
>Tu la pressas plus fort de ta cuisse nerveuse;
>   Pour étouffer ses cris ardents,
>Tu retournas le mors dans sa bouche baveuse,
>   De fureur, tu brisas ses dents.
>
>Elle se releva, mais, un jour de bataille,
>   Ne pouvant plus mordre ses freins,
>Mourante, elle tomba sur un lit de mitraille,
>   Et, du coup, te cassa les reins.

Le théâtre s'empara à son tour, de l'épopée napoléonienne. De 1830 à 1840, Napoléon fut mis sur la scène dans plus de deux cents pièces de théâtre sans lasser la passion du public, et, de nos jours, cette vogue napoléonienne a repris avec une singulière intensité.

Victor Hugo ne pouvait manquer au cortège des bardes impériaux :

> J'avais sept ans, je vis passer Napoléon.
> . . . .
>
> Il passa. Cependant son nom, sur la cité,
> Bondissait, des canons aux cloches rejeté.
> Son cortège emplissait de tumulte les rues ;
> Et, par mille clameurs de sa présence accrues,
> Par mille cris de joie et d'amour furieux,
> Le peuple saluait ce passage glorieux.
>
> Sire, vous reviendrez dans votre capitale,
> Sans tocsin, sans combat, sans lutte et sans fureur,
> Traîné par huit chevaux sous l'arche triomphale
> En habit d'empereur !
>
> Par cette même porte où Dieu vous accompagne,
> Sire, vous reviendrez sur un sublime char,
> Glorieux, couronné, saint comme Charlemagne,
> Et, grand comme César !

Dans les **Misérables**, Victor Hugo écrit :

« ... Qui admirez-vous, si vous n'admirez pas l'Empereur ? et que vous faut-il de plus ? Si vous ne voulez pas de ce grand homme-là, de quels grands hommes voudrez-vous ? Il avait tout, il était complet. Il avait dans son cerveau le cube des facultés humaines. Il faisait des codes comme Justinien, il dictait comme César. Sa causerie mêlait l'éclair de Pascal au coup de foudre de Tacite ; il faisait l'histoire et il l'écrivait ; ses Bulletins sont des Iliades. A Tilsitt, il enseignait la majesté aux empereurs ; à l'Académie des sciences, il donnait la réplique à Laplace ; au Conseil d'État, il tenait tête à Merlin. Il voyait tout, il savait tout ; ce qui ne l'empêchait pas de rire, d'un rire bonhomme au berceau de son petit enfant ; et, tout à coup, l'Europe effrayée écoutait des armées se mettre en marche ; les frontières des royaumes oscillaient sur la carte, on entendait le bruit d'un glaive, lui, se dresser, sur l'horizon, avec un flamboiement dans la main et un resplendissement dans les yeux, déployant dans le tonnerre ses deux ailes : la Grande armée et la vieille Garde, et c'était l'archange de la guerre ! Être l'Empire d'un tel Empereur, quelle splendide destinée pour un peuple, quand ce peuple est la France et qu'il ajoute son génie au génie de cet homme !.....

« Apparaître et régner, marcher et triompher, avoir pour étapes toutes les capitales, prendre ses grenadiers et en faire des rois, décréter des chutes de dynasties, transfigurer l'Europe au pas de charge; être le peuple de quelqu'un qui mêle à toutes vos aubes l'annonce éclatante d'une bataille gagnée, avoir pour réveille-matin le canon des Invalides, jeter dans des abîmes de lumière des mots prodigieux qui flamboient à jamais : Marengo, Arcole, Austerlitz, Iéna, Wagram ! faire à chaque instant éclore au zénith des siècles, des constellations de victoires, donner l'Empire français pour pendant à l'Empire romain, vaincre, dominer, foudroyer, être en Europe une sorte de peuple doré à force de gloire, sonner à travers l'histoire une fanfare de Titans, conquérir le monde deux fois, par la conquête et par l'éblouissement, cela est sublime ! »

Mais on ne peut tout citer.

Il faut pourtant encore redire cette page superbe de *Balzac*, extraite du **Médecin de campagne** :

Histoire de l'Empereur, racontée dans une grange par un vieux soldat.

« C'est à une veillée, dans une grange. Un paysan vient de terminer l'histoire de la Bossue courageuse.

« Racontez-nous l'Empereur, dit-on à un vieux soldat légionnaire. — La veillée est trop avancée ; je n'aime point à raccourcir les victoires. — Dites tout de même. Nous les connaissons pour vous les avoir vu dire bien des fois ; mais ça fait toujours plaisir à entendre. »

Alors, le grenadier « se leva de dessus sa botte de foin, promena sur l'assemblée ce regard noir, tout chargé de misère, d'événements et de souffrances, qui distingue les vieux soldats..., et après avoir repoussé ses cheveux gris d'un seul côté de son front, il porta la tête vers le ciel afin de se mettre à la hauteur de la gigantesque histoire qu'il allait dire ».

Et le récit commence dans un langage trivial et fulgurant, d'une impression inoubliable :

Voyez-vous, mes amis, Napoléon est né en Corse, qu'est une île française, chauffée par le soleil d'Italie, où tout bout comme dans une fournaise, et où l'on se tue les uns les autres, de père en fils, à propos de rien : une idée qu'ils ont. Pour vous commencer l'extraordinaire de la chose, sa mère qui était la plus belle femme de son temps et une finaude, eut la réflexion de le vouer à Dieu, pour le faire échapper à tous les dangers de son enfance et de sa vie, parce qu'elle avait rêvé que le monde était en feu le jour de son accouchement. *C'était une prophétie !* Donc, elle demande que Dieu le protège, à condition que Napoléon rétablira sa sainte religion, qu'était alors par terre... Voilà qu'est convenu, et ça s'est vu.

Maintenant, suivez-moi bien, et dites-moi si ce que vous allez entendre est naturel!
Il est sûr et certain qu'un homme qui avait eu l'imagination de faire un pacte secret pouvait être seul susceptible de passer à travers les lignes des autres, à travers les balles, les décharges de mitraille qui nous emportaient comme des mouches, et qui avaient du respect pour sa tête. J'ai eu la preuve de cela, moi particulièrement, à Eylau. Je le vois encore qui monte sur une hauteur, prend sa lorgnette, regarde sa bataille et dit :

« Ça va bien! »

Un de mes intrigants à panache qui l'embêtaient considérablement et le suivaient partout, même pendant qu'il mangeait, qu'on nous a dit, veut faire le malin et prend la place de l'Empereur quand il s'en va. Oh! râflé! plus de panache. Vous entendez bien que *Napoléon s'était engagé à garder son secret pour lui seul.*

Voilà pourquoi tous ceux qui l'accompagnaient, même ses amis particuliers, tombaient comme des noix : Duroc, Bessières, Lannes, tous hommes forts comme des barres d'acier et qu'il fondait à son usage. Enfin, à preuve qu'il était l'enfant de Dieu, fait pour être le père du soldat, c'est qu'on ne l'a jamais vu, ni lieutenant, ni capitaine! Ah bien oui? en chef tout de suite. Il n'avait pas l'air d'avoir plus de vingt-quatre ans, qu'il était vieux général, depuis la prise de Toulon, où il a commencé par faire voir aux autres qu'ils n'entendaient rien à manœuvrer les canons. Pour lors, nous tombe tout maigrelet, général en chef à l'armée d'Italie, qui manquait de pain, de munitions, de souliers, d'habits, une pauvre armée, nue comme un ver.

« Mes amis, qu'il dit, nous voilà ensemble. Or, mettez-vous dans la boule que, d'ici à quinze jours, vous serez vainqueurs, habillés à neuf, que vous aurez tous des capotes, de bonnes guêtres, de fameux souliers; mais, mes enfants, faut marcher pour aller les prendre à Milan, où il y en a. »

Et l'on a marché. Le Français, écrasé, plat comme une punaise, se redresse. Nous étions trente mille va-nu-pieds contre quatre-vingt mille fendants d'Allemands, tous beaux hommes, bien garnis, que je vois encore. Alors, Napoléon, qui n'était encore que Bonaparte, nous souffle je ne sais quoi dans le ventre : et l'on marche la nuit, et l'on marche le jour, on te les tape à Montenotte, on court les rosser à Rivoli, Lodi, Arcole, Millesimo, et on ne te les lâche pas. Le soldat prend goût à être vainqueur. Alors, Napoléon, vous enveloppe ces généraux allemands, qui ne savaient où se fourrer pour être à leur aise, les pelote très bien, leur chipe quelquefois des dix mille hommes d'un seul coup en vous les entourant de quinze cents Français qu'il faisait foisonner à sa manière; enfin, leur prend leurs canons, vivres, argent, munitions, tout ce qu'ils avaient de bon à prendre, vous les jette à l'eau, les bat sur les montagnes, les mord dans l'air, les dévore sur terre, les fouaille partout.

Voilà des troupes qui se remplument; parce que, voyez-vous, l'Empereur, qu'était aussi un homme d'esprit, se fait bien venir de l'habitant, auquel il dit qu'il est arrivé pour le délivrer. Pour lors, le pékin nous loge et nous chérit, les femmes aussi, qu'étaient des femmes très judicieuses.

Fin finale, en ventôse 96, qu'était dans ce temps-là le mois de mars d'aujourd'hui, nous étions acculés dans un coin du pays des marmottes; mais, après la campagne, nous voilà maîtres de l'Italie, comme Napoléon nous l'avait prédit. Et, au mois de mars suivant, en une seule année et deux campagnes, il nous met en vue de Vienne; tout était brossé.

Nous avions mangé trois armées successivement différentes, et dégommé quatre généraux autrichiens, dont un vieux qu'avait les cheveux blancs, et qui a été cuit comme un rat dans les paillassons, à Mantoue. Les rois demandaient grâce à genoux! La paix était conquise. *Un homme aurait-il pu faire cela? Non. Dieu l'aidait, c'est sûr!*

Il se subdivisionnait comme les cinq pains de l'Évangile, commandait la bataille le jour, la préparait la nuit, que les sentinelles le voyaient toujours allant et venant, et ne dormait ni ne mangeait. Pour lors, reconnaissant ces prodiges, le soldat te l'adopte pour son père. Et en avant!

Les autres, à Paris, voyant cela, se disent :

« Voilà un pèlerin qui paraît prendre ses mots d'ordre dans le ciel, il est singulièrement capable de mettre la main sur la France; faut le lâcher sur l'Asie ou sur l'Amérique, il s'en contentera peut-être!...... »

Ça était écrit pour lui comme pour Jésus-Christ. Le fait est qu'on lui donne ordre de faire faction en Égypte. Voilà sa ressemblance avec le Fils de Dieu. Ce n'est pas tout. Il rassemble ses meilleurs lapins, ceux qu'il avait particulièrement endiablés, et leur dit comme ça :

« Mes amis, pour le quart d'heure, on nous donne l'Égypte à chiquer. Mais nous l'avalerons en un temps et deux mouvements, comme nous l'avons fait de l'Italie. Les simples soldats seront des princes qui auront des terres à eux. En avant! »

« En avant, les enfants! » disent les sergents.

Et l'on arrive à Toulon, route d'Égypte. Pour lors, les Anglais avaient tous leurs vaisseaux en mer. Mais, quand nous nous embarquons, Napoléon nous dit :

« Ils ne nous verront pas, et il est bon que vous sachiez dès à présent, que *votre général possède une étoile dans le ciel qui nous guide et nous protège!* »

Qui fut dit fut fait. En passant sur la mer, nous prenons Malte, comme une orange pour le désaltérer de sa soif de victoire, car c'était un homme qui ne pouvait pas être sans rien faire. Nous voilà en Égypte. Bon. Là, autre consigne. Les Égyptiens, voyez-vous, sont des hommes qui, depuis que le monde est monde, ont coutume d'avoir des géants pour souverains, des armées nombreuses comme des fourmis; parce que c'est un pays de génies et de crocodiles, où l'on a bâti des pyramides grosses comme nos montagnes, sous lesquelles ils ont eu l'imagination de mettre leurs rois pour les conserver frais : chose qui leur plaît généralement.

Pour lors, en débarquant, le petit caporal nous dit :

« Mes enfants, les pays que vous allez conquérir tiennent à un tas de dieux qu'il faut respecter, parce que le Français doit être l'ami de tout le monde et battre les gens sans les vexer. Mettez-vous dans la coloquinte de ne toucher à rien, d'abord; parce que nous aurons tout après! Et marchez! »

— Voilà qui va bien. Mais tous ces gens-là auxquels *Napoléon était prédit* sous le nom de Kébir-Bonaberdis, un mot de leur patois qui veut dire : « le sultan fait feu », en ont une peur comme du diable. Alors, le Grand Turc, l'Asie, l'Afrique, ont recours à la magie, et nous envoient un démon, nommé Mody, soupçonné d'être descendu du ciel sur un cheval blanc qui était, comme son maître, incombustible au boulet, et qui tous deux vivaient de l'air du temps.

. . . .

Ah! ça! dites-moi d'où ils avaient su le pacte de Napoléon? *Était-ce naturel?*

Il passait pour certain dans leur esprit qu'il commandait aux génies et se transportait en un clin d'œil d'un lieu à un autre, comme un oiseau. Le fait est qu'il était partout.

. . . .

Dans ces termes-là, les affaires ne pouvaient donc s'arranger qu'avec beaucoup de combats. Et c'est ce dont on ne s'est pas fait faute, car il y a eu des coups pour tout le monde. Alors, nous nous sommes mis en ligne à Alexandrie, à Giseh et devant les Pyramides. Il a fallu marcher sous le soleil, dans le sable, où les gens sujets d'avoir la berlue voyaient des eaux desquelles on ne pouvait pas boire, et de l'ombre que ça faisait suer. Mais nous mangeons le mamelouk à l'ordinaire, et tout plie à la voix de Napoléon.

. . . .

Pendant qu'il s'occupe de ses affaires dans l'intérieur, où il avait idée de faire des choses superbes, les Anglais lui brûlent sa flotte à la bataille d'Aboukir, car ils ne savaient quoi s'inventer pour nous contrarier. Mais, Napoléon, qui avait l'estime de l'Orient et de l'Occident, que le pape l'appelait : son fils et le cousin de Mahomet, son cher père, veut se venger de l'Angleterre, et lui prendre les Indes pour se remplacer de sa flotte. Il allait nous conduire en Asie, par la mer Rouge, dans des pays où il n'y a que des diamants, de l'or, pour faire la paye aux soldats, et des palais pour étapes, lorsque le Mody s'arrange avec la peste, et nous l'envoie pour interrompre nos victoires. Halte! Alors, tout le monde défile à c'te parade d'où l'on ne revient pas sur ses pieds... Le soldat mourant ne peut pas se prendre Saint-Jean-d'Acre, où l'on est entré trois fois avec un entêtement généreux et martial. Mais la peste était la plus forte; il n'y a pas à dire : « mon bel ami »! Tout le monde se trouvait très malade. Napoléon seul était frais comme une rose, et toute l'armée l'a vu buvant la peste sans que ça lui fît rien du tout.

Ah ça! mes amis, croyez-vous que c'était naturel?

. . . .

Autre histoire.

Napoléon absent, la France s'était laissé détruire le tempérament par les gens de Paris, qui gardaient la solde des troupes, leur masse de linge, leurs habits, les laissaient crever de faim, et voulaient qu'elles fissent la loi à l'univers, sans s'en inquiéter autrement. C'étaient des imbéciles qui s'amusaient à bavarder au lieu de mettre la main à la pâte.

Et donc, nos armées étaient battues, les frontières de la France entamées; l'homme n'était plus là. Voyez-vous, je dis l'homme, parce qu'on l'a nommé comme ça, mais c'était une bêtise, *puisqu'il avait une étoile* et toutes ses particularités ; c'était nous autres qui étions les hommes! Il apprend l'histoire de France après sa fameuse bataille d'Aboukir, où, sans perdre plus de trois cents hommes, et avec une seule division, il a vaincu la grande armée des Turcs, forte de vingt-cinq mille hommes, et il en a bousculé dans la mer plus d'une grande moitié, rrrah! Ce fut son dernier coup de tonnerre en Égypte. Il se dit, voyant tout perdu là-bas :

« Je suis le sauveur de la France, je le sais, faut que j'y aille. »

. . . .

Napoléon met le pied sur une coquille de noix, un petit navire de rien du tout qui s'appelait *la Fortune*, et, en un clin d'œil, à la barbe de l'Angleterre qui le bloquait avec des vaisseaux de ligne, frégates et tout ce qui faisait voile, il débarque en France, car il a toujours eu le don de passer les mers en une enjambée. — *Était-ce naturel?*

Bah? aussitôt qu'il est à Fréjus, autant dire qu'il a les pieds dans Paris. Là, tout le monde l'adore; mais, lui, convoque le gouvernement.

« Qu'avez-vous fait de mes enfants, les soldats? qu'il dit aux avocats; vous êtes un tas de galapiats qui vous fichez du monde, et faites vos choux gras de la France. Ça n'est pas juste, et je parle pour tout le monde qu'est pas content! »

Pour lors, ils veulent babiller et le tuer; mais minute! Il les enferme dans leur caserne à paroles, les fait sauter par les fenêtres, et vous les enrégimente à sa suite, où ils deviennent muets comme des poissons, souples comme des blagues à tabac. De ce coup, passe consul; et, comme ce n'était pas lui qui pouvait douter de l'Être suprême, il remplit alors sa promesse envers le bon Dieu, qui lui tenait sérieusement parole; lui rend ses églises, rétablit sa religion ; les cloches sonnent pour Dieu et pour lui. Voilà tout le monde content : *primo*, les prêtres qu'il empêche d'être tracassés; *secondo*, le bourgeois qui fait son commerce, sans avoir à craindre le rapiamus de la loi qu'était devenue injuste; *tertio*, les nobles qu'il défend d'être fait mourir, comme on en avait injurieusement contracté l'habitude.

Mais il y avait des ennemis à balayer, et il ne s'endort pas sur la gamelle, parce que, voyez-vous, son œil vous traversait le monde comme une simple tête d'homme. Pour lors, paraît en Italie, comme s'il passait la tête par la fenêtre, et son regard suffit. Les Autrichiens sont avalés à Marengo comme des goujons par une baleine! Haouf! Ici, la victoire française a chanté sa gamme assez haut pour que le monde entier l'entende, et ça a suffi.

« Nous n'en jouons plus, » que disent les Allemands.

« Assez comme ça! » disent les autres.

Total : l'Europe fait la cane, l'Angleterre met les pouces. Paix générale où les rois et les peuples font mine de s'embrasser. C'est là que l'Empereur a inventé la Légion d'honneur, une bien belle chose, allez!

« En France, qu'il a dit à Boulogne, devant l'armée entière, tout le monde a du courage! Donc, la partie civile qui fera des actions d'éclat sera sœur du soldat, le soldat sera son frère, et ils seront unis sous le drapeau de l'honneur. »

Nous autres, qui étions là-bas, nous revenons d'Égypte. Tout était changé! Nous l'avions laissé général, en un rien de temps nous le retrouvons empereur. Ma foi, la France s'était donnée à lui, comme une belle fille à un lancier. Or, quand ça fut fait, à la satisfaction générale, on peut le dire, il y eut une sainte cérémonie comme il s'en était jamais vu sous la calotte des cieux. Le pape et les cardinaux, dans leurs habits d'or et rouges, passent les Alpes exprès pour le sacrer devant l'armée et le peuple, qui battent des mains. Il y a une chose que je serais injuste de ne pas vous dire : En Égypte, dans le désert, près de la Syrie, l'*Homme Rouge* lui apparut dans la montagne de Moïse, pour lui dire : « ça va bien! »

Puis, à Marengo, le soir de la victoire, pour la seconde fois, s'est dressé devant lui, sur ses pieds, l'*Homme rouge*, qui lui dit :

« Tu verras le monde à tes genoux, et tu seras Empereur des Français, roi d'Italie, maître de la Hollande, souverain de l'Espagne, du Portugal, des provinces Illyriennes, protecteur de l'Allemagne, sauveur de la Pologne, premier aigle de la Légion d'honneur, et tout! »

Cet Homme rouge, voyez-vous, c'était son idée à lui; une manière de piéton qui lui servait, à ce que disent plusieurs, pour communiquer avec son étoile. Moi, je n'ai jamais cru ça; mais l'*Homme rouge est un fait véritable*, et Napoléon en a parlé lui-même, et a dit qu'il lui venait dans les moments durs à passer, et restait au palais des Tuileries, dans les combles. Donc, au couronnement, Napoléon l'a vu le soir pour la troisième fois, et ils furent en délibération sur bien des choses. Lors, l'Empereur va droit à Milan, se faire couronner roi d'Italie. Là commence véritablement le triomphe du soldat. Pour lors, tout ce qui savait écrire passe officier. Voilà les pensions, les dotations de duchés qui pleuvent; des trésors pour l'État-Major qui ne coûtaient rien à la France; et la Légion d'honneur fournie de rentes pour les simples soldats, sur lesquelles je touche encore ma pension. Enfin, voilà des armées tenues comme il ne s'en était jamais vu.

. . . .

Napoléon, en deux ou trois ans, sans mettre d'impôts sur vous autres, remplit ses caves d'or, fait des ponts, des palais, des routes, des savants, des fêtes, des lois, des vaisseaux, des ports; et dépense des millions de milliasses, et tant et tant, qu'on m'a dit qu'il en aurait pu paver la France de pièces de cent sous, si ça avait été sa fantaisie. Alors, quand il se trouve à son aise sur son trône, et si bien le maître de tout, que l'Europe attendait sa permission pour faire ses besoins, comme il avait quatre frères et trois sœurs, il nous dit en manière de conversation, à l'ordre du jour :

« — Mes enfants, est-il juste que les parents de votre Empereur tendent la main? Non. Je veux qu'ils soient flambants, tout comme moi! Pour lors, il est de toute nécessité de conquérir un royaume pour chacun d'eux, afin que le Français soit le maître de tout; que les soldats de la garde fassent trembler le monde, et que la France crache où elle veut, et qu'on dise, comme sur ma monnaie, « Dieu vous protège! »

« Convenu! » répond l'armée, on t'ira pêcher des royaumes à la baïonnette.

Ah! c'est qu'il n'y avait pas à reculer, voyez-vous! et, s'il avait eu dans sa boule de conquérir la lune, il aurait fallu s'arranger pour ça, faire ses sacs, et grimper. Heureusement qu'il n'en a pas eu la volonté. Les rois, qu'étaient habitués aux douceurs de leurs trônes, se font naturellement tirer l'oreille; et alors, en avant, nous autres. Nous marchons, nous allons, et le tremblement recommence avec une solidité générale. En a-t-il fait user, dans ce temps-là, des hommes et des souliers! Alors, on se battait à coups de nous, si cruellement, que d'autres que les Français s'en seraient fatigués. Mais vous n'ignorez pas que le Français est né philosophe, et, un peu plus tôt, un peu plus tard, sait qu'il faut mourir. Aussi nous mourions tous sans rien dire, parce qu'on avait le plaisir de voir l'Empereur faire ça sur les géographies. (Là, le fantassin décrivit lestement un rond avec son pied sur l'aire de la grange.)

Et il disait : « Ça, ce sera un royaume! » et c'était un royaume. Quel bon temps! Les colonels passaient généraux, le temps de les voir; les généraux maréchaux, les maréchaux, rois.

. . . .

Enfin, les sapeurs qui savaient lire devenaient nobles tout de même. Moi qui vous parle, j'ai vu à Paris onze rois et un peuple de princes qui entouraient Napoléon, comme les rayons du soleil! Vous entendez bien que chaque soldat ayant la chance de chausser un trône, pourvu qu'il en eut le mérite, un caporal de la garde était comme une curiosité qu'on admirait passer, parce que chacun avait son contingent dans la victoire, parfaitement connu dans le bulletin.

Et y en avait-il, de ces batailles! Austerlitz, où l'armée a manœuvré comme à la parade; Eylau, où l'on a noyé les Russes dans un lac, comme si Napoléon avait soufflé dessus; Wagram, où l'on s'est battu trois jours sans bouder... Enfin, y en avait autant que de saints au calendrier. *Aussi, alors fut-il prouvé que Napoléon possédait dans son fourreau la véritable épée de Dieu.*

Alors, le soldat avait son estime, et il en faisait son enfant, s'inquiétait si vous aviez des souliers, du linge, des capotes, du pain, des cartouches; quoiqu'il tînt sa majesté, puisque c'était son métier à lui, de régner. Mais, c'est égal! un sergent et même un soldat pouvaient lui dire : « Mon Empereur », comme vous me dites à moi quelquefois : « Mon bon ami ».

Et il répondait aux raisons qu'on lui faisait, couchait dans la neige comme nous autres; *enfin, il avait presque l'air d'un homme naturel*. Moi qui vous parle, je l'ai vu, les pieds dans la mitraille, pas plus gêné que vous êtes là, et mobile, regardant avec sa lorgnette, toujours à son affaire; alors, nous restions-là, tranquilles comme Baptiste. Je ne sais pas comment il s'y prenait, mais, quand il nous parlait, sa parole nous envoyait comme du feu dans l'estomac; et, pour lui montrer qu'on était ses enfants, incapables de bouder, on allait pas ordinaire devant des polissons de canons qui gueulaient et vomissaient des régiments de boulets, sans dire gare. Enfin, les mourants avaient la chose de se relever pour le saluer et lui crier : « Vive l'Empereur! »

Était-ce naturel? auriez-vous fait cela pour un simple homme?

. . . .

Donc, après son mariage, qui fut une fête pour le monde entier, et où il a fait grâce au peuple de dix ans d'impositions, qu'on a payées tout de même, parce que les gabelous n'en ont pas tenu compte, sa femme a eu un petit qu'était roi de Rome; une chose qui ne s'était pas encore vue sur terre, car jamais un enfant n'était né roi, son père vivant. Ce jour-là, un ballon est parti de Paris pour le dire à Rome, et ce ballon a fait le chemin en un jour. *Ah ça! y a-t-il maintenant quelqu'un de vous autres qui me soutiendra que tout ça était naturel? Non, c'était écrit là-haut! Et la gale à qui ne dira pas qu'il a été envoyé par Dieu même pour faire triompher la France!*

Mais voilà l'Empereur de Russie, qu'était son ami, qui se fâche de ce qu'il n'a pas épousé une Russe et qui soutient les Anglais nos ennemis, auxquels on avait toujours empêché Napoléon d'aller dire deux mots dans leur boutique. Fallait donc en finir avec ces canards-là, Napoléon se fâche et nous dit:

« Soldats! vous avez été maîtres dans toutes les capitales d'Europe; reste Moscou, qui s'est alliée à l'Angleterre. Or, pour pouvoir conquérir Londres et les Indes qu'est à eux, je trouve définitif d'aller à Moscou. »

Pour lors, assemble la plus grande des armées qui jamais aient traîné leurs guêtres sur le globe, et si curieusement bien alignée, qu'en un jour il a passé en revue un million d'hommes.

Jamais les aigles n'avaient si bien roucoulé.

. . . .

A nous la Russie! crie l'armée :

Nous entrons bien fournis : nous marchons, marchons : point de Russes. Enfin, nous trouvons nos mâtins campés à la Moscowa. C'est là que j'ai eu la croix, et j'ai congé de dire que ce fut une sacrée bataille! L'Empereur était inquiet, *il avait vu l'Homme rouge* qui lui dit :

« Mon enfant, tu vas plus vite que le pas, les hommes te manqueront, les amis te trahiront. »

Pour lors, proposa la paix. Mais avant de la signer :

« Frottons les Russes » qu'il nous dit.

« Tope »! s'écria l'armée.

« En avant »! dirent les sergents.

Mes souliers étaient usés, mes habits décousus, à force d'avoir trimé dans ces chemins-là, qui ne sont pas commodes du tout! Mais c'est égal!

Puisque c'est la fin du tremblement, que je me dis, je veux m'en donner tout mon soûl. Nous étions devant le grand ravin; c'étaient les premières places! Le signal se donne, sept cents pièces d'artillerie commencent une conversation à vous faire sortir le sang par les oreilles. Là, faut rendre justice à ses ennemis, mes Russes se faisaient tuer comme des Français, sans reculer, et nous n'avancions pas.

« En avant ! » nous dit-on, voilà l'Empereur !

C'était vrai, passe au galop en nous faisant signe qu'il s'importait beaucoup de prendre la redoute. Il nous anime, nous courons, j'arrive le premier au ravin. Ah! mon Dieu, les lieutenants tombaient, les colonels, les soldats! C'est égal! Ça faisait des souliers à ceux qui n'en avaient pas et des épaulettes pour les intrigants qui savaient lire... Victoire! c'est le cri de toute la ligne. Par exemple, ce qui ne s'était jamais vu, il y avait vingt-cinq mille Français par terre. Excusez du peu! c'était un vrai champ de blé coupé : au lieu d'épis, mettez des hommes! nous étions dégrisés, nous autres. L'Homme arrive, on fait le cercle autour de lui. Pour lors, il nous câline, car il était aimable quand il le voulait, à nous faire contenter de vache enragée par une faim de deux loups. Alors, mon câlin distribue soi-même les croix, salue les morts; puis, il nous dit : « A Moscou? »

« Va pour Moscou ! » dit l'armée.

Nous prenons Moscou. Voilà-t-il pas que les Russes brûlent leur ville! Çà été un feu de paille de deux lieues, qui a flambé pendant deux jours. Les édifices tombaient comme des ardoises! Il y avait des pluies de fer et de plomb fondus qui étaient naturellement horribles; et l'on peut vous le dire à vous, ce fut l'éclair de nos malheurs. L'Empereur dit :

« Assez comme çà, tous mes soldats y resteraient. »

. . . .

Mais, en revenant, l'hiver s'avance d'un mois, chose que les savants, qui sont des bêtes, n'ont pas expliquée suffisamment, et le froid nous pince. Plus d'armée, entendez-vous? Plus de généraux, plus de sergents même! Pour lors, ce fut le règne de la misère et de la faim, règne où nous étions réellement tous égaux! On ne pensait qu'à revoir la France, on ne se baissait pas pour ramasser son fusil ni son argent; et chacun allait devant soi, arme à volonté, sans se soucier de la gloire. Enfin, le temps était si mauvais que l'Empereur n'a plus vu son étoile. Il y avait quelque chose entre le ciel et lui. Pauvre homme, qu'il était malade de voir ses aigles à contre-fil de la victoire. Et ça lui en a donné une sévère, allez! Arrive la Bérésina. Ici, mes amis, on peut vous affirmer par ce qu'il y a de plus sacré, sur l'honneur, que, depuis qu'il y a des hommes, jamais, au grand jamais, ne s'était vue pareille fricassée d'armée, de voitures d'artillerie dans de pareille neige, sous un ciel pareillement ingrat. Le canon des fusils vous brûle la main, si vous y touchiez, tant il était froid. C'est là que l'armée a été sauvée par les pontonniers qui se sont trouvés solides au poste.

. . . .

J'ai vu, reprit-il, l'Empereur debout près du pont, immobile, n'ayant point froid. *Était-ce encore naturel?*

Il regardait la perte de ses trésors, de ses amis, de ses vieux Égyptiens. Bah! tout y passait, les femmes, les fourgons, l'artillerie, tout était consommé, mangé, ruiné. Les plus courageux gardaient les aigles, parce que les aigles, voyez-vous, c'était la France, c'était tout vous autres, c'était l'honneur du civil et du militaire, qui devait rester pur et ne pas baisser la tête à cause du froid.

Tout commençait à le trahir, comme le lui avait dit *l'Homme rouge*. Les bavards de Paris, qui se taisaient depuis l'établissement de la garde impériale, le croient mort et trament une conspiration où l'on met dedans le préfet de police pour renverser l'Empereur. Il apprend ces choses-là, ça vous le taquine, et il nous dit quand il est parti :

« Adieu, mes enfants, gardez les postes, je vais revenir. »

Bah! ses généraux battent la breloque; car, sans lui, ce n'était plus ça. Les maréchaux se disent des sottises, font des bêtises, et c'était naturel; Napoléon, qui était un bon homme les avait nourris d'or; ils devenaient gras à lard, qu'ils ne voulaient plus marcher. De là sont devenus les malheurs, parce que plusieurs sont restés en garnison sans frotter le dos des ennemis derrière lesquels ils étaient, tandis qu'on nous poussait vers la France. Mais l'Empereur nous revient avec des conscrits et de fameux conscrits, auxquels il changea le moral parfaitement et en fit des chiens finis à mordre quiconque, avec des bourgeois en garde d'honneur, une belle troupe qui a fondu comme du beurre sur un gril.

. . . .

Pour lors se donnent des batailles de montagnes, peuples contre peuples, à Dresde, Lutzen, Bautzen... Souvenez-vous de ça, vous autres, parce que c'est là que le Français a été si particulièrement héroïque, que, dans ce temps-là, un bon grenadier ne durait pas plus de six mois. Nous triomphons toujours; mais sur les derrières, ne voilà-t-il pas que les Anglais font révolter les peuples en leur disant des bêtises! Enfin, on se fait jour à travers ces meutes de nations. Partout où l'Empereur paraît, nous débouchons, parce que, sur terre comme sur mer, là où il disait : « Je veux passer », nous passions. Fin finale, nous sommes en France, et il y a plus d'un pauvre fantassin à qui, malgré la dureté du temps, l'air du pays a remis l'âme dans un état satisfaisant. Moi, je puis dire, en mon particulier, que ça m'a rafraîchi la vie.

. . . .

Pour lors, l'invasion se fait. Partout où notre Empereur montre sa face de lion, l'ennemi recule et il a fait dans ce temps-là plus de prodiges, en défendant la France, qu'il n'en avait fait pour conquérir l'Italie, l'Orient, l'Espagne, l'Europe et la Russie. Pour lors, il veut enterrer tous les étrangers, pour leur apprendre à respecter la France, et les laisse venir sous Paris pour les avaler d'un coup et s'élever au dernier degré du génie par une bataille encore plus grande que toutes les autres, une mère bataille enfin! Mais les Parisiens ont peur pour leur peau de deux liards et pour leurs boutiques de deux sous, ouvrent leurs portes ; voilà les *ragusades* qui commencent et les bonheurs qui finissent, l'impératrice qu'on embête, et le drapeau blanc qui se met aux fenêtres. Enfin, les généraux qu'il avait fait ses meilleurs amis, l'abandonnent pour les Bourbons, de qui on n'avait jamais entendu parler.

Alors, il nous dit adieu à Fontainebleau :

« Soldats !... Mes enfants, nous sommes vaincus par la trahison, mais nous nous reverrons dans le ciel, la patrie des braves. Défendez mon petit que je vous confie : Vive Napoléon II ! »

Il avait idée de mourir, et, pour ne pas laisser voir Napoléon vaincu, prend du poison de quoi tuer un régiment, parce que, comme Jésus-Christ avant sa passion, il se croyait abandonné de Dieu et de son talisman ; mais le poison ne lui fait rien du tout. *Autre chose ! se reconnaît immortel.* Sûr de son affaire et d'être toujours empereur, il va dans une île pendant quelque temps étudier le tempérament de ceux-ci, qui ne manquent pas à faire des bêtises sans fin.

. . . .

Alors, s'embarque sur la même coquille de noix d'Égypte, passe à la barbe des vaisseaux anglais, met le pied sur la France ; la France le reconnaît, le sacré coucou s'envole de clocher en clocher, toute la France crie : « Vive l'Empereur ! »

Et par ici, l'enthousiasme pour cette merveille des siècles a été solide, le Dauphiné s'est très bien conduit ; et j'ai été particulièrement satisfait de savoir qu'on y pleurait de joie en revoyant sa redingote grise.

Le 1ᵉʳ mars, Napoléon débarque avec deux cents hommes pour conquérir le royaume de France et de Navarre, qui, le 20 mars, était redevenu l'Empire français. L'Homme se trouvait ce jour-là dans Paris, ayant tout balayé, il avait repris sa chère France, et ramassé ses troupiers en ne leur disant que deux mots : « Me voilà ! »

C'est le plus grand miracle qu'a fait Dieu !

Avant lui, jamais un homme avait-il pris d'Empire rien qu'en montrant son chapeau ? On croyait la France abattue ? Du tout. A la vue de l'aigle, une armée nationale se refait, et nous marchons tous à Waterloo.

Pour lors, là, la garde meurt d'un seul coup. Napoléon, au désespoir, se jette trois fois au-devant des canons ennemis à la tête du reste, sans trouver la mort ! Nous avons vu ça, nous autres ! Voilà la bataille perdue.

. . . .

Le reste est suffisamment connu. L'*Homme rouge* passe aux Bourbons, comme un gredin qu'il est. La France est écrasée, le soldat n'est plus rien, on le prive de son dû, on te le renvoie chez lui, pour prendre à sa place des nobles qui ne pouvaient plus marcher, que ça faisait pitié. On s'empare de Napoléon par trahison, les Anglais le clouent dans une île déserte de la grande mer, sur un rocher élevé de dix mille pieds au-dessus du monde. Fin finale, est obligé de rester là, jusqu'à ce que l'*Homme rouge* lui rende son

Moulage de la tête de Napoléon, après sa mort.

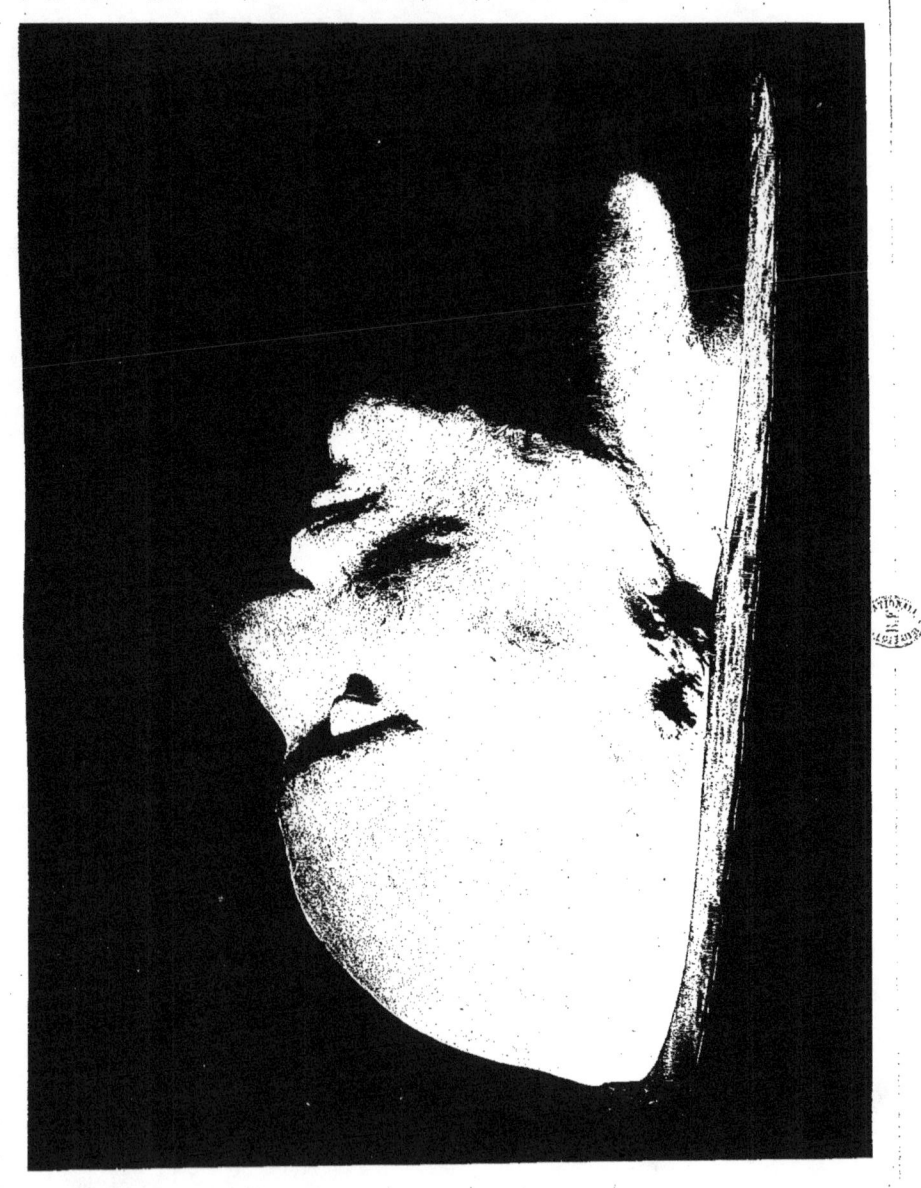

pouvoir pour le bonheur de la France. — *Ceux-ci disent qu'il est mort! Ah, bien oui mort! on voit bien qu'ils ne le connaissent pas.*

Ils répètent cette bourde-là pour attraper le peuple et le faire tenir tranquille dans leur baraque de gouvernement. Écoutez : la vérité du tout est que ses amis l'ont laissé seul dans le désert, pour satisfaire à une prophétie faite sur lui, car j'ai oublié de vous apprendre que son nom de Napoléon veut dire : « le Lion du désert ». — *Et voilà ce qui est vrai comme l'Évangile!*

Toutes les autres choses que vous entendrez dire sur l'Empereur sont des bêtises qui n'ont pas forme humaine. Parce que, voyez-vous, ce n'est pas à l'enfant d'une femme que Dieu aurait donné le droit de tracer son nom en rouge comme il a écrit le sien sur la terre, qui s'en souviendra toujours!...

Vive Napoléon, le père du peuple et du soldat!

TABLE DES MATIÈRES

	Pages.
NAPOLÉON.	1
L'HOTEL DES INVALIDES.	7
Le Dôme des Invalides.	10
Tombeau de l'Empereur. — Le Retour des Cendres.	20
La Crypte.	23
Œuvre civile de Napoléon. — (Bas-reliefs de la Crypte).	25
Souvenirs des guerres.	35
Le Sarcophage et la Cella.	37
L'Église des Invalides.	38
Les drapeaux.	42
Les trophées.	45
NAPOLÉON (Famille de l'Empereur).	47
Titres de noblesse.	55
L'Épopée napoléonienne.	59
Napoléon à Sainte-Hélène.	84
Napoléon intime.	87
LA LÉGENDE DE NAPOLÉON : Les Médailles.	115
— Les peintres et les statuaires.	121
— Les poètes et les écrivains.	131
TABLE DES ILLUSTRATIONS.	152

TABLE DES ILLUSTRATIONS

Planches.		Pages.
	Portrait de Napoléon, par Ingres.	Frontispice.
Nos I.	Statue de Napoléon, par Seurre.	1
II.	L'Hôtel des Invalides, façade nord.	7
III.	Le Dôme des Invalides, façade sud.	11
IV.	La Chapelle du Dôme des Invalides.	13
V.	Ensemble de la Crypte. — Le Sarcophage.	19
VI.	Le Tombeau de Napoléon à Sainte-Hélène. — Arrivée du corps de Napoléon aux Invalides.	21
VII.	La Porte de Bronze : entrée de la Crypte.	22
VIII.	Le Reliquaire.	23
IX.	Bas-reliefs de la Crypte.	25, 27
X.	Bas-reliefs de la Crypte.	29, 31
XI.	Bas-reliefs de la Crypte.	29
XII.	Bas-reliefs de la Crypte.	31
XIII.	Bas-reliefs de la Crypte.	33
XIV.	Les Victoires, par Pradier.	35
XV.	Les Victoires, par Pradier.	36
XVI.	Les Victoires, par Pradier.	37
XVII.	L'Église des Invalides.	39
XVIII.	Dalles du tombeau de Saint-Hélène.	40
XIX.	Le Cercueil d'ébène. — Le Char funèbre.	41
XX.	Un Drapeau de la Garde Impériale.	43
XXI.	Drapeau du 85e Régiment d'Infanterie pendant les Cent Jours.	45
XXII.	Un des Pylônes de la Crypte portant les Trophées.	47
XXIII.	Le Grand Collier de la Légion d'honneur.	87
XXIV.	Les Ordres créés par Napoléon.	93
XXV.	Le Drapeau de l'île d'Elbe.	94
XXVI.	L'Épée d'Austerlitz. — Le Glaive du Premier Consul.	95
XXVII.	Les Pistolets.	97
XXVIII.	Lit, Fauteuil et Tabourets de campagne.	101
XXIX.	La Selle.	103
XXX.	L'Habit de Marengo.	105
XXXI.	La Redingote grise.	107
XXXII.	Les Meubles.	109
XXXIII.	Autographe de la lettre écrite au Régent d'Angleterre, 14 juillet 1815.	113
XXXIV.	Les Médailles.	121
XXXV.	Portraits de Bonaparte et de Napoléon.	123
XXXVI.	Statue de la Cella : Napoléon en costume de Sacre.	125
XXXVII.	Bustes de Bonaparte et de Napoléon, par Eug. Guillaume.	127
XXXVIII.	Bustes de Bonaparte et de Napoléon, par Eug. Guillaume.	129
XXXIX.	Bustes de Bonaparte et de Napoléon, par Eug. Guillaume.	131
XL.	Moulage de la tête de Napoléon après sa mort.	149

www.ingramcontent.com/pod-product-compliance
Lightning Source LLC
Chambersburg PA
CBHW060324170426
43202CB00014B/2658